Esclave de tes Habitudes

Quoi ? Réveille-toi !

Subir ta maladie, ou créer ta santé ?

Joseph G. Asselin (Jasselin)

OK ! Décoince ton cerveau pour le succès!

Esclave de tes Habitudes Quoi? Réveille-toi!

Subir ta maladie, ou créer ta santé?

Library of Congress Cataloging-in-Publication Data

Jasselin.com, éditeur depuis 1979.

Dépôt légal :
Bibliothèque nationale du Canada.
Bibliothèque nationale du Québec

Couverture et designs : jasselin.com

ISBN IMPRIMÉ : 978-1-927652-26-8

Expériences personnelles de l'auteur, selon des années de prises de conscience, concernant sa propre santé et le souci du bien être des autres: Toute ressemblance à des personnes réelles, vivantes ou décédées, d'entreprises, d'événements ou des lieux, serait une pure coïncidence.

PRÉFACE

Nous avons tous été éduqués, donc nous sommes une copie de quelqu'un d'autre, ou de plusieurs autres, et cela depuis le premier jour de notre naissance.

Tout ce que l'on nous a martelé dans la tête, il en serait impossible d'en faire une liste, mais, nos mémoires cachées sont souvent responsables de gestes journaliers que l'on répète machinalement, sans se remettre en question...

C'est une des raisons pour lesquelles il y a tant de diversités dans le monde; c'est que nous avons tous été éduqués différemment.

Et souvent vers des buts opposés : maladie ou succès.

Cependant, nous partageons un lien unique qui nous motive, depuis le début des temps.

Nous ajuster vers une vision plus émancipée pourrait changer notre façon de vivre en santé et de connaître la réussite.

Savoir d'où ça vient et comprendre pourquoi nous agissons si inconsciemment pourrait nous aider à reprendre le contrôle et mieux organiser notre vie pour en faire une réussite!

C'est ce que ce livre, tentera, de vous en faire prendre conscience...

Table des matières

Ce que vous TIREREZ AU CLAIR dans ce livre

Il s'agit de : il existe d'autres moyens naturels pour maintenir et restaurer votre santé.

Faire un effort fait partie de la vie, car aucun être vivant n'est sur Terre pour ne rien faire, pour s'asseoir sur ses jambons.

Découvrez ce que vous ne pouviez pas savoir avant de le découvrir vous-même en écoutant votre corps…

Que les courbatures passagères (quand ça fait mal ici et là) ne soient que les moyens de communication dont dispose notre cerveau, en latence asservie, pour nous demander de l'attention, et faire circuler l'énergie, au lieu de se lamenter, et attendre que les maux deviennent chroniques.

Que la joie de vivre est une obligation, et que la maladie est un manque d'écoute de notre corps, qui ne devient, par manque d'attention, qu'une sorte de punition à soi-même...

Tous les êtres vivants ont un cerveau au service de leur corps, pour leur survie et leur bien-être, mais trop souvent, la majorité des sphères du cerveau humain sont désactivées par manque de connexion et d'écoute des résultats des maladies du corps.

Mais nous avons été coupés de la partie créative de notre cerveau, sans le savoir, et comme excuse, simplement parce que nous l'avons ignoré, ce n'était pas dans notre culture dans les temps anciens. Il n'était pas question d'imiter les techniques naturelles des animaux, et cela se perpétue jusqu'ici en disant : (« voyons donc, nous sommes bien trop humains pour copier les animaux ! »)

Le détournement d'accès à notre boîte à outils naturelle (des sphères spécifiques de notre cerveau) a été détourné de nous aussi, sous les visées cachées de la domination et de l'ignorance du fait, vers des croyances métaphoriques ; qui persiste encore aujourd'hui.

On peut avoir toutes les connexions avec le cerveau, l'esprit, ou l'âme pour ceux qui la vénèrent et même avoir un talent fou, ou comme d'autres qui se remplissent de pilules ; mais si notre corps ne dispose pas des ingrédients nécessaires à sa survie, d'abord, comme suffisamment d'eau et suffisamment de magnésium, indispensables à une bonne santé ; la maladie gagnera…

Le corps a besoin de plus que des talents.

Vous devez écouter votre corps, même si cela semble peu probable.

Nous manquons d'eau ! Quoi ? Oui, car plus de 70 % des Nord-Américains vivraient dans un état de déshydratation chronique. Et de plus, en insuffisance de magnésium ! Quoi ? Oui, ça m'a frappé aussi et près de 50 % d'entre nous vivent en carence de magnésium…

L'éducation pourrait faire de nous des zombies

Par conséquent, l'éducation de nos parents aurait dû être, seulement, pendant la période de l'enfance et de l'adolescence ; puis, devenus adultes, nous avons le devoir de lutter pour devenir nous-mêmes, loin de l'emprise de nos éducateurs. Sinon, nous passerons le reste de notre vie comme des enfants qui n'ont pas grandi, donc des zombies.

Le double objectif de ce livre est :

Comprendre ce qui nous déclenche depuis le début...

Et seulement alors, nous pouvons aller de l'avant pour le succès

Moi, l'auteur, ainsi que le but de mes autres livres publiés précédemment, n'ai aucune autre prétention que de vous aider à améliorer votre vie sur Terre.

Dans la vie, on peut dire qu'on n'obtient que ce que l'on mérite, selon nos choix de priorités : santé ou obésité, santé ou drogues et alcool, santé ou diamants et tout ce qui va avec ? Les choix sont les nôtres, les mêmes avec la santé mentale ou bien se déléguer à n'importe quoi et être gouverné par n'importe qui, comme des marionnettes ?

Oui, mais ce livre vise à être en meilleure santé…

Et plus riche...

Une partie du titre de ce livre (réveillez-vous) est bien choisie, car si nous vivons une sorte de vie endormie, alors nous sommes comme des zombies…

Définition du mot zombie, dans le dictionnaire :

FAMILIER — Des gens à l'air distrait et apathique.

ORDINATEUR — Ordinateur personnel infecté par des logiciels malveillants et contrôlé à distance par un pirate informatique à l'insu de son propriétaire.

Nous sommes tous programmés comme dans une sorte d'ordinateur et les hackers étaient nos éducateurs, qui avaient également été programmés par leurs éducateurs, jusqu'à très loin…

Extra INTRODUCTION

Il est facile de devenir esclave de nos habitudes. La plupart d'entre nous, selon plusieurs études, s'accordent à dire que 50 à 80 % de nos comportements sont basés sur des habitudes. Et même l'habitude d'être malade...

Nous créons d'abord une habitude, puis l'habitude nous crée, et parfois pour toujours.

Aussi, certaines de nos habitudes négatives ou positives nous ont été inculquées par qui donc ? Par nous ou par quelqu'un d'autre dans notre enfance et adolescence ? Oh ! Alors, qui sommes-nous ou quoi somme-nous ? Et comment devenir nous-mêmes et non leurs copies, de nos éducateurs ?

D'après un regard attentif tout au long de ma vie, et des recherches à ce sujet, notre cerveau comporterait plusieurs départements dont l'esprit est l'essence créatrice de la vie. Sa capacité est d'agir comme un magnétophone multiple, en fonction de la profondeur et de la gravité des sentiments et de la provenance des chocs, des pertes, des déceptions, des désirs inassouvis, etc.

Une habitude, alors créée à notre insu ou selon le degré de plaisir de la chose, s'infiltre dans le sub enregistreur (subconscient) et commence automatiquement à extérioriser des changements dans notre comportement, nos pensées, nos sentiments et même nos états d'esprit (humeur).

Couche après couche, selon la gravité des habitudes, elles se forment dans la partie subconsciente de l'esprit de chacun.

Selon mes 79 ans de recherche et d'expérience d'une vie bien remplie…

D'autre part, lorsque les habitudes et les routines sont utilisées consciemment, et non inconsciemment, elles nous aident à agir rapidement et à automatiser des actions qui nécessitent peu de changements. Mais lorsqu'elles sont utilisées sans relation entre l'esprit caché et vous-même, elles volent votre spontanéité et votre originalité créatives et manipulent vos intentions et même vos relations avec les autres.

Vous avez le choix de vous prendre en charge et de vivre dans l'absolu et conscient de vos actes, ou de vivre soumis aux banalités de vos habitudes inconscientes, souvent incrustées par les autres...

Alors, tu vis la vie des autres…

La méditation pourrait aider, mais ce livre ne traite d'aucune technique de méditation, mais, dans le dictionnaire, le mot méditation signifie : l'activité de réfléchir profondément à quelque chose, surtout pendant longtemps.

Les différentes méditations sont efficaces pour nous aider à recalibrer le cerveau et ses sous-sphères et à changer les habitudes défaitistes ; elle aide aussi à en créer de nouvelles pour l'évolution de nous-mêmes. Mais il faut se méfier des groupes de promoteurs, qui utilisent une science naturelle, pour agrandir leurs fidèles croyants, à des fins de contrôle et surtout pour des raisons financières…

Surtout, il faut d'abord se remettre en question pour modifier le cycle des pensées, des émotions et des comportements liés aux habitudes ; parfois notre ego nous inculque un message de perfection, pour s'assurer que nous ne changeons rien. Les deux hémisphères du cerveau et ses autres départements ont tous un rôle particulier dans nos souvenirs conscients, notre inconscient et notre subconscient. Ils sont impliqués et importants dans les méthodes de pratiques de méditation.

Alors, des choix s'imposent :

Vivre dans l'habitude de vivre avec nos habitudes ?

Vivre esclave de nos habitudes et de nos peurs ?

Ou, faire le grand effort pour modifier les schémas de notre comportement habituel ?

Attention à ne pas adhérer à une autre habitude comme les multiples propagateurs de méditations et les croyances envahissantes…

Méditation et respiration évoluent ensemble.

En méditation, lorsque vous modifiez la profondeur de votre respiration, les schémas habituels d'émotion et d'attention qui sont encodés dans les schémas mémorisés de la motorisions de votre corps et ceux cachés dans des parties de votre esprit, commencent à s'opposer et à se libérer.

Cependant, les parties cachées de l'esprit et de l'ego, reviendront au galop et s'engageront malgré vous, dans d'anciens schémas de pensées et d'habitudes, mais par la méditation sur le moi intérieur vous surmonterez les attaques…

Lorsque l'identité corporelle est manipulée par des exercices, un message précis d'orientation est donné à l'esprit et à ses subalternes récalcitrants…

Quand nous avons besoin de l'aide de notre cerveau...

Ça sert à quoi, si on ne peut pas communiquer avec l'esprit quand on l'a besoin ? C'est la différence entre vivre ou exister, si on n'a pas un vrai contrôle sur nos visions de la vie, que l'on veut vivre !

Lorsque le cerveau initial gauche est appelé à agir, quand vous rencontrez une situation difficile, le cerveau droit et les souvenirs doivent alors s'organiser, afin que l'ensemble de votre nouveau cerveau, donc vous-même, dirige une réponse efficace et que cette réponse soit en harmonie avec qui vous êtes ou voulez être. Ce sont des ajustements hémisphériques et un procédé vers l'élimination des mémoires cachées subconscientes…

Le cerveau fonctionne pleinement lorsqu'en méditation profonde, il optimise la coopération entre les hémisphères cérébraux. Pour mieux modifier votre vision, chaque respiration modifiée et contrôlée à la seconde doit descendre jusqu'au bas du ventre.

Cependant, comme déjà mentionné, soyez sûr que l'ego est l'ennemi des changements ; il reviendra vous hanter et il ne vous permettra pas de changer facilement ses anciennes habitudes. Mais, avec du caractère et des objectifs fixés, il s'effondrera à la longue, au fil de bonnes respirations profondes et de pensées positives…

La méditation est un état de relaxation avec respiration profonde ; personne n'a besoin d'adhérer à quel que soit les habitudes de synchronisation de groupes spécifiques intéressés. L'exercice physique est obligatoire et est une pratique individuelle autre que la méditation.

La morale est que si vous ne faites pas d'exercice, vous êtes dans un laisser-aller, avec tous les problèmes qui suivront.

Tous les écrits de mes livres et celui-ci proviennent de mes recherches et expériences au niveau personnel autant qu'en création au niveau de l'entreprise.

SOMMES-NOUS VRAIMENT DES ZOMBIES

Mais oui, nous sommes tous des zombies et nous le serons toujours, si nous ne nous surveillons pas et ne faisons pas de corrections, dans le but de nous améliorer.

Si nous nous acceptons avec les défauts, que tout le monde voit sauf nous-mêmes, le message envoyé à notre cerveau est que nous sommes la perfection et que nous n'en avons plus besoin.

Alors, il nous met sur le système automatique et le (DÉBROUILLE-TOI donc tout seul !)

IL N'Y A RIEN DE MAL À CELA, l'automatisation est amusante ! Jusqu'au jour où les maux commencent à apparaître, car puisqu'on se croit parfait, on lâche encore et encore, et les maladies vont se perpétuer et on ne se lamentera qu'en se disant que ça va passer.

Et nos vieilles habitudes deviennent notre maître absolu, la MALADIE.

Non, cela ne passera pas, mais cela deviendra chronique et s'aggravera et éventuellement d'autres maux apparaîtront et nous deviendrons un client fréquent du système médical, alors, remplissons-nous de pilules et le vieillissement prématuré sera enclenché.

Même un animal ne se laisse jamais aller sur le système automatique, il se retire et se concentre sur l'endroit de sa douleur, qui est plus chaud qu'ailleurs, il se lèche et demande à son cerveau de se concentrer et de faire circuler plus d'énergie sur l'endroit qu'il visualise, et enfin il guérit.

Les animaux ont la capacité de se retirer profondément en eux, dans une dimension de léthargie, un peu comme l'artiste (le vrai) qui a cette capacité et qui s'exprime magnétiquement à ses fans. Plus l'artiste est doué, plus son succès est grand, à condition qu'il ne soit pas gâté pourri et ne pense qu'à lui en regardant son nombril, extériorisant ses souffrances et ses peines : « Oh ! Pauvre de moi ! »

Celui qui a le talent de s'oublier et se retirer à l'intérieur de lui-même aura la faculté de demander, l'action de guérison, à la partie créatrice de son cerveau et d'en faire le suivit jusqu'à la guérison…

Si nous sommes sur le système automatique, le cerveau ne se soucie pas de savoir si nous avons mal ou pas, il se dit : « tu as appris à marcher et je t'ai aidé. Tu as appris à parler, à grandir, à apprendre l'adresse et l'agilité dans ton travail et tes loisirs, et je t'ai aidé ; tu m'as utilisé, nous étions amis, et puis quand tu n'as plus eu besoin de moi, tu m'as délaissé comme une vieille paire de chaussettes, tu m'as mis au rancart et tu penses te débrouiller tout seul ? OK !

Et la vie laisse place à la survie et aux habitudes, comme mettre un pied devant l'autre, automatiquement, sans avoir à y penser, c'est tout…

Aucun être vivant n'a le pouvoir de vivre une vie saine, sans l'aide de la partie créative de son cerveau !

Les hôpitaux sont pleins et les prescriptions de pilules (médicaments) rapportent des milliards de bénéfices aux sociétés pharmaceutiques ; c'est le succès de notre système capitaliste ; mais nous avons la possibilité de choisir, d'être servis ou de servir… »

C'est ce qui se passe, c'est pourquoi ce livre donne des recettes accessibles à tous les niveaux de compréhension. Tout d'abord, on commence par simuler des déséquilibres pour renouer avec ce grand oublié (cerveau). Ensuite, après des semaines ou des mois de pratique, vous aurez l'impression que votre ami, le cerveau, améliore votre swing et que vous devenez plus habile. Et vous faites même des choses que vous ne faisiez pas avant.

C'est le contact par la porte de derrière, alors, comme l'artiste, vous pourrez parler avec tout ce qui bouge, mais cela doit être avec sincérité et cela doit se faire naturellement. C'est aussi comme ça qu'on peut enfin parler à notre cerveau, lui demander des actions précises, pour le bien-être…

Tout ce qui bouge vous écoutera et vous parlera…

Pour donner des exemples frappants de personnes qui ne peuvent être aidées à s'améliorer et à prendre soin de leur santé, nous discuterons avec un de mes amis Pierre et une amie Lucy, beaucoup plus réceptive que Pierre.

Pierre grogne en arrière-plan, il est toujours bouleversé par mes affirmations et il me répond,

« Quoi, parler avec tout ce qui bouge ?

« Quoi, tu plaisantes ? »

« Oui Pierre, tu sais, tu n'as pas la vérité absolue et ton corps te parle déjà depuis longtemps, et tu faisais comme aujourd'hui, tu en ris ; oui Pierre ! Et plus nous parlerons avec sincérité et douceur à tout ce qui bouge, même aux plantes, plus elles seront heureuses d'entendre parler de nous. En revanche, si tu penses faire, comme tu le fais si bien, commander avec autorité, et en rire, tu connaîtras le sens du mot, bredouille, il ne se passera rien et ton état de santé s'aggravera… »

Les gens rient de ce qu'ils ne savent pas !

Il n'est jamais trop tard pour bien faire les choses !

Qu'est-ce qui est déséquilibré ?

C'est d'abord pour retrouver la source de notre réalité...

Après des années à suivre le petit train, du pas-à-pas, et l'habitude de répéter les mêmes gestes au travail, rien que pour gagner sa vie et souvent seulement pour payer les choses à empiler dans le garage, le cerveau sait qu'il n'est plus utile. Quand nous agissons bizarrement et amassons des choses inutiles, qui plus tard, finiront par prendre le bord des poubelles ; alors, le cerveau nous a laissés faire nos extravagances, mais tant d'argent gaspillé = heures de travail.

Quand on fait des bêtises, notre cerveau s'en moque, mais il se dégage et nous laisse gâcher le reste de notre vie, sans intervenir et du même coup, nous laissant tomber malade de nos abus et finalement, se laisser aller, la vraie maladie chronique …

POURQUOI le déséquilibre ?

Le pas à pas de mettre un pas devant l'autre, oui, et le cerveau nous a aidé à tenir le coup en nous balançant dès les premiers pas, pour le plaisir de nos parents. Mais alors on dira : « mais j'ai appris à danser, c'était difficile. » Ce n'était qu'une succession de pas appris par cœur, mais si vous avez pratiqué la danse classique, oui, c'est de la création, et cet art nécessite la participation d'une partie intéressante du cerveau, malgré lui, lors de la tenue en se balançant.

Il est parfois très difficile de se balancer sans vertiges, sur la pointe des pieds, et de progresser dans des tourniquets difficiles, et, même si on ne demande pas volontairement l'intervention du cerveau, le cerveau intervient, avec satisfaction. C'est un peu comme le bébé innocent qui apprend à se tenir debout dans ses premiers pas ; le bébé et l'artiste, dans l'oubli de soi, expriment l'art dans toute son innocence…

C'est pourquoi, les premiers gestes pour reprendre progressivement contact avec la partie créative de notre cerveau, c'est le déséquilibre, comme un retour aux premiers pas mémorables devant nos parents…

Après toute une vie à suivre et à réaliser ce qu'on nous a appris à l'envers, tout sera à refaire, comme raviver l'innocence de l'enfant qu'il faudra retrouver en nous…

Le système automatique, que le cerveau a initié au début de notre vie, consistait à fixer des mémorisations partout dans les muscles du corps afin qu'il n'ait pas à intervenir de lui-même à chaque fois que nous faisons un pas en avant ou de côté. Certains muscles agissent même comme une pompe pour aider le cœur à faire circuler le sang ; c'est pour l'une de ces raisons que celui qui reste sans exercice, et se permet volontairement de prendre du poids, se dirige vers des problèmes de santé. Et la vie sera abrégée aussi, en plus des souffrances, pour le reste de sa trop courte vie, qu'il n'a pas moins causée, par ses abus.

NOTRE CERVEAU, UN AMI MÉCONNU

Notre cerveau, est qu'une boîte dans laquelle se trouvent des outils qui ne demandent qu'à être utilisés ; mais l'instruction et l'éducation, poussées par l'ignorance, en dictaient autrement.

Les effets de l'ignorance ne seraient que temporaires, si, non promulgués comme des vérités ; tant que nous ne découvrons pas, ce que nous ne savions pas. Et là ! Nous pouvons réagir !

L'énergie de nos scientifiques est principalement concentrée à essayer de savoir d'où nous venons, au lieu de travailler sur l'avenir de la Terre, qui n'ira probablement nulle part si nous ne changeons pas rapidement notre mode de vie, comme si nous étions éternels.

Nous dépensons des fortunes folles pour aller polluer aussi, probablement, la planète Mars et nous trouvons tout cela normal ! Personne ne s'oppose !

D'ACCORD ! Nous ne sommes pas normaux !

Car nous ne pensons à rien d'autre qu'à ce que nous savons, et on ne nous a pas appris que notre cerveau pourrait être notre serviteur naturel, pourtant il ne demande qu'à nous aider, si nous lui présentons des plans, sincères, précis et réels à exécuter…

La difficulté, pour la majorité, est que nous ne sommes pas prêts à poser la question à notre cerveau, car beaucoup de points de flux énergétiques de notre corps sont bloqués ; d'abord par manque d'exercices et ensuite par manque d'objectifs précis, comme par exemple où mener sa propre vie avec plaisir de vivre…

Comme Pierre, en riant, on ne veut pas de lui comme exemple, pour aller de mieux en mieux !

Pierre, je l'entendais murmurer à chaque fois que je mentionne circuler l'énergie : « hein, l'énergie est pour mon pick-up, et pour mon poêle au camping ! L'énergie que nous payons très cher, il faut l'épargner.

Eh bien, rien à dire sur son discernement. Nous devons tous vivre ensemble, à tous les niveaux !

Pour sortir du raisonnement d'un incroyant en lui-même, on peut oublier son raisonnement simpliste ; cependant, des exercices simples peuvent changer votre vie.

Faisons d'abord un test.

Faites seulement un premier test pour vérifier si l'énergie circule bien et facilement dans votre corps :

DES EXERCICES

Asseyez-vous bien sur une chaise droite pour ne pas perdre votre équilibre et tomber.

Lentement, afin de ne pas disloquer les muscles de votre cou, tournez la tête d'avant en arrière, lentement, surtout vers l'arrière, là où l'énergie de la colonne vertébrale doit circuler.

Très lentement, avancez la tête en arrière et dégagez là où c'est raide et engourdi.

Allez lentement à gauche et à droite et faites le même désengagement, très lentement, car ça va probablement craquer (bruit).

Faites-vous masser, si possible, très légèrement si c'est trop douloureux, mais allez sur toutes les parties du cou, où il est engourdi ou douloureux.

Ceci est crucial, s'il est engourdi, c'est que l'énergie ne circule pas bien.

De haut en bas, dans tous les sens, faites cet exercice plusieurs fois par jour, lentement, et vérifiez si votre douleur n'est pas causée, dans votre sommeil, par un mauvais oreiller (trop épais ou trop mince). La colonne vertébrale doit être droite, au niveau du cou. (Voir les images ci-dessous.)

Vous devrez attendre que les muscles de votre cou soient complètement détendus avant de passer à une autre partie du corps.

Vous n'allez pas tout gâcher en allant trop vite. Vous tolérez ces blocages de circulation depuis des années, alors pour vous remettre en forme il faudra aussi du temps…

Cela prendra quelques jours, selon la gravité du cas par cas, ou des semaines avant que l'énergie ne circule correctement à travers tous ces points qui étaient engourdis et, dans certains cas, même bloqués pendant des années.

Mais, grands ou petits les blocages, vous aurez des résultats instantanés. Ces exercices vous montreront la preuve que vous ne viviez qu'une partie de vos capacités physiques et mentales et qu'avant que la maladie ne s'installe définitivement…

Faites ensuite de même, tous les jours, avec les autres parties de votre corps, muscles, tendons, organes à nettoyer, etc. Retrouvez la santé et retrouvez la joie de vivre…

Faites ensuite une promenade pour aider votre cœur à faire circuler le sang réoxygéné grâce à des exercices. Si vous avez 55 ans et plus, contrairement aux idées préconçues, ne courez plus jamais, vous gaspillerez trop d'énergie inutilement et risquerez de vous blesser, mais pour augmenter votre cardio, arrêtez-vous et courez vite sur place, cinq secondes toutes les cinq minutes.

Et ce n'est que le début de la préparation, avant même de penser à fouiller dans votre boîte à outils (votre cerveau). Et votre cerveau coopérera.

Non seulement vous permettrez à l'énergie de circuler dans votre corps, mais vous pourrez réactiver des mémoires, engourdis dans tous les muscles, et organes de votre corps, et vous renforcerez votre système immunitaire contre les attaques de virus et autres.

Lucy qui est toujours à l'écoute : « J'y crois et je rentre chez moi pour commencer cet exercice, car j'ai encore des courbatures, et une sorte de névralgie dans certaines parties du corps. »

« OK Lucy, car je n'irai pas plus loin avec Pierre aujourd'hui, il est incrédule, mais il n'est pas fou, car je viens de toucher son point le plus sensible, son cou, qu'il tourne à peine de part et d'autre, tellement douloureux, de sorte qu'il tourne ses épaules pour voir de côté.

Aucun membre de la médecine ne lui a jamais parlé de ses douleurs au cou, peut-être parce qu'il s'est déboîté de partout…

Notre corps est comme une machine, quoi que nous y mettions, la machine ira bien ou mal. Et si la machine reste constamment dans la boue et dans les rues trempées de calcium, elle rouillera rapidement. Le corps est de même, comment il est traité et comment il se repose est le plus important pour le bien-être physique et mental.

Un lit confortable, et un bon oreiller de la bonne épaisseur, pour que vous et votre cou soyez confortables pour une bonne nuit de sommeil réparateur... Vous remarquerez la différence, surtout en vieillissant…

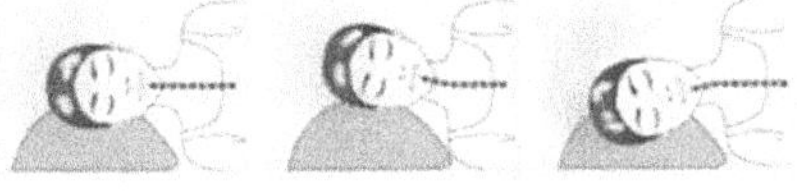

Votre cou doit être droit, la position 1, les positions 2 à 3 bloqueront le flux d'énergie à travers votre colonne vertébrale. Choisir son oreiller n'est pas un luxe. Un blocage de circulation d'énergie entraîne également des difficultés à faire circuler le sang dans tout le corps…

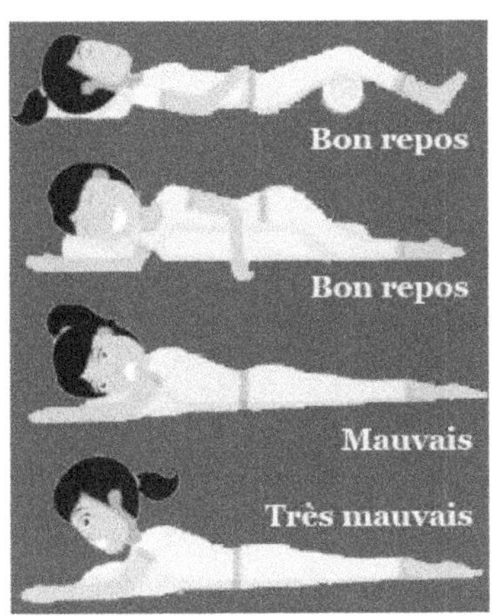

PIERRE A BESOIN DE CROIRE

Un jour, quelqu'un a dit à Pierre qu'il fallait être croyant pour aller au ciel. Depuis très jeune, il croit ce qu'on lui a dit comme vrai et la seule vérité…

Ce que je veux dire, c'est que le mot croire signifie aussi croyance, et si votre croyance, quelle qu'elle soit, ne vous donne pas une santé décente, alors vous devez changer votre croyance et développer plus de croyance en vous-même. La confiance est (nos pouvoirs de création) et sans elle, nous ne faisons que survivre au lieu de vivre sainement et heureux…

La compréhension n'est pas également équilibrée pour tout le monde, toutes les bêtises qui ont d'abord été clouées dans la tête de nos ancêtres puis dans la tête de nos enfants innocents, et malgré nous pendant des milliers d'années, a laissé sa marque...

Mon interlocuteur (un exemple frappant de zombies) s'appelle Pierre et c'est un incroyant de rien d'autre que ce qui a été entré dans sa tête. Je lui ai parlé pendant plusieurs années, mais il me regardait toujours comme si j'étais un fou flottant entre ciel et terre.

Cependant, il a l'air de commencer à ouvrir les oreilles, avec gêne, car il marche de travers et il a 20 ans de moins que moi.

Il déplore que la vie ait été dure pour lui et surtout qu'il croyait encore que son ange protecteur, de là-haut, viendrait enfin l'aider, mais qu'il était probablement trop occupé pour s'occuper de ses maux… Nous savons que son ange est tout simplement très occupé...

Quelqu'un a dit : « aide-toi et le ciel t'aidera ».

Ce serait le temps qu'il prenne soin de lui, avant que ses courbatures empirent et qu'il s'embrasse les pieds en marchant ! Oui ! Pierre est mon ami et nous plaisantons ensemble et il entend à rires à travers ce qu'il appelle ses petits bobos.

Il considérait sa maladie comme temporaire, il y a dix ans :

Il a du mal à se lever le matin, et très tard.

Il marche comme une tortue, qui n'ira pas loin.

Il est devenu le cobaye des médecins essayant de nouvelles pilules, mais rien ne s'est amélioré et il a empiré.

Il prend des quantités incroyables de médicaments qu'il étale sur la troisième tablette libérée, de sa bibliothèque ; les livres, qu'il ne lisait plus, ayant été placé dans une boîte.

Il croit que ses docteurs, ses idoles, ont été envoyés par ses anges protecteurs, mais il espère que s'il meurt, au moins comme prix de consolation, il ira au paradis…

BRAVO ! Le système a de nombreux adeptes comme lui et il n'y a pas grand-chose à faire pour les aider ; mais pour le bien de ce livre et surtout parce qu'il est mon ami, je continuerai à discuter avec lui ; espérant au moins, pouvoir aider ceux qui ont la capacité d'ouvrir leur esprit, à autre chose que ce que nous avons appris de notre passé…

Pierre, mon ami, il n'a qu'à croire et c'est bien pour lui, ça lui donne l'importance qu'il n'est pas n'importe quoi et qu'il y a quelqu'un là-haut, en qui croire, avec espoirs… Une grande partie du monde est de la même rigidité, c'est pour cette même raison qu'on ne saura jamais où l'on va, mais c'est sûr, de pire en pire…

Citation : Les objectifs du prophétisme déterminent principalement les obligations des croyants, tandis que la démocratie défend les droits des citoyens.

Quand je parle de croyance, cela ne veut pas dire que c'est seulement religieux et cela ne veut pas dire non plus que vous devez la changer, mais c'est la dépendance de croire (les yeux fermés), que vous devez changer pour enfin vous découvrir.

Exemples

La dépendance au tabac tue lentement.

Politique : continuer à voter pour un parti défaitiste.

Une addiction, c'est aussi de vous laisser engraisser en oubliant vos pauvres jambes qui n'ont pas la capacité de supporter les 100 livres de plus que vous lui imposez.

Être victime d'addiction à quoi que ce soit, c'est être hors de tout raisonnement… Et ceux qui ne peuvent pas comprendre et changer la cause de leurs addictions, qui les rendent malades, continueront à se lamenter et à servir de cobaye expérimental.

Notre cerveau jongle, de plusieurs départements et il ne manipule que des symboles comme : (une photo vaut 1000 mots).

Notre cerveau n'est pas stupide, c'est pourquoi il enferme plusieurs départements auxquels nous n'avons pas accès facilement. C'est d'ailleurs pour une de ces raisons que les plus crédules sont faciles à hypnotiser et influençables par les publicités.

Alors le message envoyé à une des parties cachées de notre cerveau, le subconscient, ne sont pas des mots ni de belles promesses, mais ce doit être des actes positifs pour casser le négatif qui nous a rendus malades.

Une addiction et la maladie nous gouvernent à notre insu et ne sont qu'un effet, que lentement nous avons laissé s'installer dans notre subconscient.

Alors le message (symbolique), envoyé à notre subconscient est simple : « tu es malade suite à des abus alors c'est que tu n'aimes pas ton corps assez pour en prendre soin.

« Tu te laisses diriger par des addictions qui te détruisent alors c'est que tu n'aimes pas la vie. »

Différents départements du cerveau dont certains dirigent les rêves, d'autres les mémoires, d'autres la motorisation du corps, etc. fonctionnent par symboles, donc nos actes sont des symboles envoyés dans notre tête et aussi à notre plexus solaire et autres chakras.

Les messages symboliques sont simples et dans une seule direction : je veux vivre ou je veux mourir... Et, nous devons nous comporter en conséquence, dans notre positivité ou dans notre négativité, qui en sera le résultat : la vie ou la mort, parfois lente...

D'autre part ! Nous sommes dans un système capitaliste et la maladie est payante, ça joue dans les milliards... Et, au moins, les cobayes serviront à faire découvrir de nouvelles drogues, et à essayer de canaliser et d'augmenter le courage de ceux qui ne peuvent se débarrasser de l'addiction à quoi que ce soit et de la maladie…

La dépendance tue !

Ce n'est pas une insulte ; il s'agit tout simplement de mettre le doigt sur le bobo et de commencer à se retrouver vers un état de santé... Ce n'est que des propos sans hypocrisie, qui ne flattent pas, sans vouloir offenser ceux qui ne veulent pas reconnaître leurs maladies…

M'adressant à Pierre, « Pierre, si je te présente un moyen d'améliorer ta santé, me permettrais-tu de t'aider ? »

Pierre répond aussitôt, presque en riant de moi : « hey, j'ai les meilleurs médecins qui s'occupent de moi, OK ! jusqu'à ce que mes anges prennent soin de moi aussi, OK ! »

Même un ami ne peut pas être aidé contre son gré, mais l'une de ses amies, Lucy, assise sur un banc voisin au restaurant, où je vais souvent prendre un café et discuter. Lucy semblait tendre l'oreille et approuvait que j'essaie d'aider Pierre.

Alors, je l'ai invitée à nous rejoindre ; elle m'avait souvent entendu, dit-elle, parler de mental s'adressant à notre propre cerveau et elle y croyait, qu'elle avouât… Lucy m'a même mentionné qu'elle avait de petits changements de comportement, seulement depuis qu'elle m'a entendu parler avec Pierre, à partir de quelques tables plus loin.

Lucy est plus RÉCEPTIVE

Lucy était plus réceptive et moins croyante, à oreilles bouchées, comme Pierre, qui était plus du genre à piétiner les chemins battus.

Donc, pour la suite de l'histoire, je parlerai également à Lucy, en espérant que Pierre voit les changements s'opérer chez Lucy. Elle a aussi beaucoup de problèmes de santé donc, les techniques naturelles que je voudrais vous présenter, ainsi qu'à Lucy, je les ai opérées sur moi-même toute ma vie…

Autrefois, tout était inconnu, mais aujourd'hui avec Internet, tout est à portée de la main, qui tient la souris, pour cliquer sur la recherche qui vous intéresse. Prendre soin de notre santé, la seule véritable richesse accessible à tous.

Il n'est jamais trop tard pour bien faire les choses !

Contrairement à Pierre qui se moque de ce qu'il ne connaît pas, Lucy a les yeux pleins de questions... Et, Lucy a de bonnes chances, avec beaucoup d'exercices et de confiance en soi.

Lucy me demande : « Qu'est-ce que la confiance en soi en matière de santé ? '

J'ai répondu : "Tout remonte au début de ta vie, quand tu as commencé à marcher, à parler et à te développer selon tes talents et ton caractère. Conditionnellement, si tes parents ne t'ont pas intimidée en t'empêchant d'être ton moi pur, à la naissance."

Lucy : » Oui, mais, c'est loin, non, qu'est-ce que cela a à voir avec moi et mes douleurs aux genoux et à la cheville droite et dans le bas du dos ?

J'ai répondu : « au début, c'est là que ta confiance en toi s'est développée ; quand tu as perdu ton ballant à quelques reprises. Ensuite, tu t'es relevé après une nouvelle chute, et ton pur esprit d'enfant, sans âme pour le contredire, a eu accès à tous tes organes pour ta survie et ton habileté. Et pour aider, ton cerveau a également été déployé avec tous tes talents naturels.

« Tes parents étaient fiers de te voir lutter pour rester debout et tu étais en création directe avec ton cerveau, sans interférence de l'imposition ou de la rigidité de tes parents. Tu exprimais ton caractère et ton esprit pur et innocent était en création. »

« Mais, en vieillissant, les déceptions et contradictions, de l'imposition des parents pour t'éduquer, s'enregistrèrent dans l'inconscient et ont ensuite causé des effets dans le subconscient (des sphères de l'esprit). »

Lucy : « Qu'est-ce que ça a à voir avec l'innocence à ma naissance ? »

J'ai répondu : « À la naissance, l'innocence est pur esprit, le mensonge n'existe pas encore, l'enfant s'exprime selon ses talents héréditaires, en plus de ses propres talents naturels associés à son caractère. (Genre d'artiste, arbre droit ou arbre tordu).

Lucy : « Mais qu'est-ce que ma maladie a à voir avec mon caractère et l'innocence de mon enfance ?

J'ai répondu : « l'enfant naît dans l'innocence de l'esprit, donc pas encore imprégné de la pression éducative des parents, même s'ils voient le nouveau-né comme un prodigue. L'enfant est ensuite corrigé pour ressembler à ses parents. L'enfant résiste un certain temps et suite à plusieurs corrections par ses parents, il abandonne finalement par amour de ses parents et l'âme superficielle se crée, au détriment de la pureté de l'esprit qui avait accès à toutes les sphères du cerveau. »

L'âme est une création incrustée par l'éducation, et parfois pour toujours, dépendant du caractère de chacun

Au nom de l'amour, les parents détruisent la pureté de l'enfant et font tout pour le modeler à leur image, sans le savoir vraiment, et l'âme se crée aux dépens de l'esprit ; quel crime !

Après plusieurs insistances des parents à éduquer l'enfant à leur image, l'enfant abandonne au nom de l'amour et l'attention qu'il reçoit. Ses parents ne peuvent pas être mauvais, pense-t-il finalement. L'âme prend alors le relais au détriment de l'esprit pur de la naissance ; pour faire plaisir à papa et maman, qui l'aime tant.

Le doute subsistera probablement jusqu'à l'adolescence et finira par s'engouffrer, pour profiter lui aussi du système et rêver de la grosse voiture de sport, etc.

Lucy est très différente de Pierre.

Lucy : « Depuis que nous avons commencé à discuter, je me sens beaucoup mieux et j'ai arrêté de prendre des pilules, surtout celles qui m'engourdissaient, est-ce que ça va ?

J'ai répondu : « C'est à toi de voir si tu vas bien, je pense que ce n'est pas grave si tu te sens mieux, mais je ne suis pas médecin et je ne connais pas tes prescriptions ; mais fais attention. »

Lucy : « Les pilules sont bonnes pour quelque chose, non ? «

J'ai répondu : « s'ils sont prescrits par un bon médecin, ils peuvent engourdir la douleur au lieu de guérir et ils peuvent aider les gens à moins souffrir dans certains cas ; cependant, les prescriptions de placebo sont également à la mode… »

(Voir placebo, plus bas.)

Lucy : « Souvent je pense que j'ai fait quelque chose de mal et que ma maladie est ma punition ? »

J'ai répondu : « La punition n'a rien à voir avec la santé, mais quand tu souffres, tu es comme diminuée, incapable de faire ce que tu faisais avant, donc tu peux le voir comme une punition pour toi-même… »

Lucy : « J'ai souvent comme le cœur qui veut s'arrêter, et j'ai mal aux jambes et au dos. Est-ce juste à cause d'un manque d'exercice ? L'exercice, tout le monde en parle, mais on ne fait rien, vraiment, pourquoi est-ce si important ?

J'ai répondu : « les muscles se renforcent au fur et à mesure que vous faites du sport ou un travail physique, mais ils doivent être entretenus toute votre vie ; plus les muscles sont développés, plus il sera nécessaire de faire des exercices physiques pour les entretenir, surtout en vieillissant. Mais plus loin, j'explique l'une des raisons vitales de faire de l'exercice…

Placebo : définition du dictionnaire, telle que mentionnée pour différentes raisons, au début du livre.

Substance neutre, dépourvue d'activité pharmacologique, par laquelle un médicament est substitué dans un contexte thérapeutique. Cela signifie que le médecin attire son patient avec une pilule en poudre dans l'espoir que le patient se guérira, alors, le patient, pensant que son médicament ferait des merveilles, autrement dit, le médecin a conclu que son patient avait une douleur imaginaire.

Le placebo, c'est comme faire des exercices de déséquilibre pour rentrer en contact avec son cerveau, trop longtemps délaissé. En faisant semblant de tomber, c'est comme le placebo, le cerveau va être obligé de réagir pour garder votre corps en équilibre, pour ne pas tomber.

Mais l'astuce est d'en être conscient, et de répéter souvent l'action, de sorte qu'au lieu de la pilule placebo, vous puissiez éventuellement parler avec votre cerveau afin de lui demander consciemment de faire circuler l'énergie, là où ça fait mal.

Et, au lieu de vous entendre vous plaindre que ça fait mal, vous changerez son habitude de vous laisser vous débrouiller tout seul. En peu de temps, vous pourriez redevenir amis, comme lorsque vous avez commencé à marcher et qu'il était heureux de vous aider.

La personne prenant le placebo s'imaginera avoir la pilule miracle, mais en réalité, c'est seulement son imagination qui peut forcer son cerveau à réagir positivement et finalement à faire circuler l'énergie. Autrement dit, le patient avait simplement besoin d'attention et il avait créé un problème sans s'en rendre compte, et peut-être pour enfin avoir de l'attention…

Le cerveau aussi à besoin d'attention, faites-lui des exercices et il redeviendra votre ami !

Pour attirer l'attention, certaines personnes se rendent inconsciemment malades. Il suffit de vérifier les urgences des cliniques, surtout dans les pays où les soins sont gratuits, sans ticket modérateur, il y a des abus incroyables…

Cependant, il n'y a pas que le placebo, des exemples comme le suivant, peuvent venir d'un manque d'attention à des gestes que nous répétons depuis toujours sans nous corriger...

EXEMPLE

Voici un exemple personnel, lorsque j'ai quitté l'armée à 22 ans, après avoir fait de l'exercice physique extrême, pendant mes trois années de service. Alors, enfin libéré de l'armée, j'ai voulu en profiter et je suis resté à presque ne rien faire pendant plus d'un an. Mes super muscles n'aimaient pas ça et je devenais de plus en plus paresseux. Alors, pour me pousser sur le dos, j'ai voulu postuler pour un travail dans le Grand Nord. La condition était de passer un examen médical.

Le résultat était que mon cœur avait des problèmes de circulation sanguine et le médecin me l'a fait entendre. Mon cœur battait un peu hors de contrôle (pop-up, pop-up, un peu comme le moteur de Harley Davidson). Son conseil était que mon système m'obligeait à bouger beaucoup physiquement et que l'exercice faisait partie de mes caractéristiques physiques. Il a précisé que sinon, j'aurais de graves problèmes cardiaques vers les 45 ans.

D'ACCORD ! Depuis, j'ai beaucoup bougé. Il m'a même précisé en riant que je pouvais me permettre d'avoir plusieurs blondes en même temps. Mais je ne l'ai jamais fait...

Le secret, c'est de s'oublier

L'oubli de soi. Certains de la même école que Pierre dirait : « c'est plus facile à dire qu'à faire ».

C'est vrai, mais avec la pratique et le développement de la confiance en soi, vous pouvez vous oublier et, enfin, vous débrouiller vraiment bien.

Quand on attend que ça vienne de là-haut c'est le statu quo, et si on ne fait rien, on n'aura rien que le pire !

Par contre, en venant de là-haut, nous aurons au moins de la pluie pour faire pousser les graines dans nos champs et au moins pouvoir nous nourrir. Mais nous aurons aussi du mauvais temps dont personne ne veut.

En revanche, lorsqu'il s'agit de notre santé et de notre bien-être, il est urgent de regarder ailleurs et de ne plus attendre que ça vienne de là-haut… Surtout si vous êtes malades depuis longtemps et que ça empire, n'attendez plus !

S'oublier soi-même ne signifie pas abandonner son corps sans faire d'exercice et se laisser grossir sans rien faire.

Prenons l'exemple que nous sommes une machine compliquée, encore plus qu'une automobile, si nous la laissons derrière le garage pendant des années, la machine rouillera, des trous apparaîtront dans la carrosserie, le moteur ne démarrera plus et un jour il faudra l'envoyer à la ferraille pour la vente en pièces détachées…

Ce que nous n'utilisons pas, nous le perdons !

Mais nous sommes intelligents, nous avons le droit de ne pas savoir vivre en harmonie avec notre corps, d'autant plus qu'en vieillissant, les gens ont tendance à penser à la retraite, comme pour ne rien faire.

Ne rien faire nous rapproche du salon funéraire…

AIMEZ, VOUS DEVEZ AIMER PLUS QUE SOI-MÊME

Pour contrer notre habitude d'attendre que ça vienne de là-haut, nous devons aimer plus que nous-mêmes, pour trouver la paix intérieure et avoir accès à notre boîte à outils naturelle (notre cerveau). Il y a des exercices à faire, pour parvenir à cette fluidité de communication avec notre cerveau.

En plus des exercices mentionnés avant, il faut encore et encore faire des exercices de déséquilibre, mais différemment, pour forcer notre cerveau à inventer de nouvelles façons de maintenir l'équilibre.

Ensuite, essayez en simulant l'extension, de vos membres, plus loin, de toucher des objets à 15-20 pieds de distance. Même si ce n'est qu'une simulation, c'est de donner à notre cerveau la tâche d'inventer des moyens de réaliser des exploits, qui changera la monotonie d'un cerveau tanné de ne rien faire…

Confiez à votre cerveau, des choses folles, comme le bébé qui veut marcher. Le bébé va réussir l'impossible, OK. Mais même si c'est insensé, votre cerveau va se casser le cerveau pour essayer. Et c'est ça le contact qui deviendra un canal de communication avec votre cerveau.

Partez avec une maxime personnelle : rien n'est impossible…

Pierre rit à voix basse ; il me prend vraiment pour un crétin. « Allons voyons donc, tu penses vraiment que tu vas me faites avaler ces bêtises. » Non, ai-je répondu, « mais il y a des gens sensés comme Lucy et moi qui y croient, n'est-ce pas Lucy ? »

Lucy : « oui, quand je parle à mon chat, je suis vraiment sûre qu'il me comprend ; c'est vrai que je l'aime tellement et il me le rend bien. Et de plus j'adore parler avec tout ce qui bouge. »

Lucy, montre des changements rapidement, mais Pierre est seulement surpris que je puisse dire des bêtises comme ça (à ces oreilles incrédules).

Des croyants, en sens unique comme Pierre, ont perdu la capacité d'entendre, tout passe par une oreille et sort par l'autre et c'est normal, car au fond, il y a encore des doutes qu'il nie à lui-même. Il ne veut rien entendre, de peur de devoir avouer sa crédulité infantile qui a duré plus de 60 ans de sa vie de zombie.

Et puis, ils ont même la paresse de ne plus penser, ils agissent comme des robots.

Certains d'entre eux ont de très bonnes raisons d'être de fervents croyants, car avant de se convertir au (sens unique) ils étaient complètement perdus, que ce soit dans la drogue, l'alcool et diverses perditions. Ces derniers, heureusement de retour sur terre, doivent se mettre des ornières pour ne plus faiblir…

Aux jours lointains de la colonisation, il fallait maintenir la paix chez les peuples qui ne cessaient de s'entretuer. La domination des croyants était obligatoire pour protéger des gens comme Pierre. C'est pourquoi tous les grands peuples de l'histoire ont fondé leurs propres croyances métaphoriques, dont le but principal était de dominer et enfin d'avoir une certaine stabilité, pour commercer avec leurs anciens ennemis, au lieu de s'entretuer…

Et c'est tant mieux, car notre système capitaliste est toujours dans les meilleurs de la planète, chacun pour soi et au plus fort la poche ; notre système a fait ses preuves par rapport aux dictatures…

Croire oui, mais garder les yeux ouverts vers autre chose que des croyances de toqués qui vous limitent et abrogent votre santé. Visitez l'Internet et apprenez à voler de vos propres ailes.

Il ne faut surtout pas mettre tous nos œufs dans le même panier !

Et sachant que ce que nous appelons progrès, est en réalité une régression pour notre pauvre environnement, ce qui nous amène à nous demander : où allons-nous ?

Je ne suis pas contre les croyances, au contraire, c'est nécessaire pour les brebis autant que pour les bergers, mais il faut aussi s'ouvrir à autre chose en plus de s'aider soi-même…

Suite à une grande réunion des chefs des plus grandes religions du monde à Miami, il y a vingt ans ou plus, j'ai eu la surprise de lire dans le Miami Herald, la déclaration du grand rabbin des rabbins. Il avait surpris tous ces confrères de croyances différentes, en concluant et en avouant que même sa croyance, autant que les autres, était basée sur des métaphores…

Les croyances raisonnées c'est bien, mais celles qui limitent complètement votre attention, de jour comme de nuit, comme le sport, la musique, la politique, les gangs, les

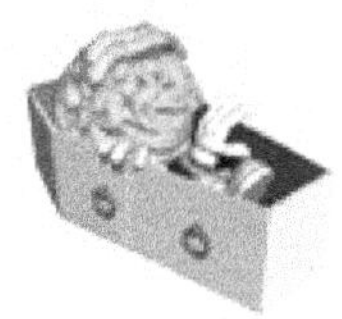

professions, etc. ont pour effet de jeter votre cerveau dans une boîte fermée…

Obsession, comme la soif d'argent ou d'or et les mangeurs de diamants ; ceux qui n'en auront jamais assez, comme :

Les égoïstes, les complexés, ceux que tout tourne vers eux-mêmes et leur pauvre-moi.

Les plus fiers sont les meilleurs consommateurs, mais endettés jusqu'au cou.

Les toqués, ils doivent avoir raison et doivent le prouver, même si les autres n'ont ni raison ni tort…

Des intellectuels figés dans leur métier et porteur de la seule vérité professionnelle, qu'ils ont appris des autres ! Et plus encore !

Passer à autre chose d'émancipant.

Le principe énoncé ici est que je n'attache aucune importance aux croyances de quelqu'un, mais le message que je veux faire passer est que le croyant fervent, aux yeux fermés, n'aura pas l'occasion de se détacher de l'âme. Cette âme captivante, qui n'a rien fait pour vous donner la santé, depuis des années.

N'oubliez pas que l'âme n'a été créée que par l'homme, toujours pour la même raison, dominez et empêchez des gars comme Pierre de s'entretuer, parce que l'autre n'a pas la même croyance…

La vérité nous aveugle, si l'âme n'avait pas été créée de bases métaphoriques par l'homme intéressé ; tous croiraient dans la même métaphore et la paix règnerait dans le monde entier. Rêvons, le statu quo est trop payant et tout va dans la direction opposée...

La contrepartie est la vie qui fait que nous vivons, c'est l'esprit en nous, c'est la flamme qui habite tous les êtres vivants. C'est la conscience de l'esprit qui peut demander des actions à notre cerveau, afin de bénéficier de cette merveilleuse boîte à outils. Mais pas tant que nous serons handicapés par nos vieilles habitudes...

Mais, j'ai découvert des choses et c'est ce que je veux vous présenter. Même les croyants aveugles fervents comme Pierre pourront sûrement, un jour, jouer dans leur boîte à outils (cerveau) par la porte de derrière.

L'intuition, les forces de l'esprit, l'écoute de soi, la reconnaissance de sa propre sensibilité et de ses talents de la naissance, sont des atouts considérables pour comprendre et améliorer notre vie et aider les autres à se reconnaître eux-mêmes, peut-être…

Se reconnaître eux-mêmes, peut-être...

Je ne suis qu'un écrivain en bonne santé et pour moi tout le monde est égal, même ceux qui voient la vie complètement à l'opposé de moi… Lors des discussions, je réponds souvent à mes amis qui me disent que j'ai raison : « Vous m'insultez en me disant que j'ai raison, car cela signifie que vous avez tort. Vous avez un point de vue différent du mien et nous apprendrons tous les uns des autres, de différentes opinions, avec respect. »

Ainsi, personne ne possède le droit de décider quoi est bien ou le mal ; nous respectons l'autre et ses idées, c'est l'évolution et une vision de liberté et d'égalité…

Mais les plus grands meurtres au monde sont commis par des gens qui ont raison et, parce que d'autres ont tort, de ne pas croire en la même croyance qu'eux. Les guerres et les génocides sont l'œuvre de ceux qui croient avoir des esprits supérieurs et pouvoir décider qu'ils ont raison...

Choisissez votre chef de groupe

Tous n'ont pas la capacité de se débrouiller seuls, une majorité de la population mondiale doit être dirigée et une petite partie est capable de diriger.

Prenons l'exemple d'une horde de loups ; pour la survie de la horde, un seul chef doit diriger et le combat est lancé sur celui qui s'oppose au chef.

Par comparaison, dans nos systèmes établis de longue date, les dictateurs et les monarchies sont toujours soutenus par les peuples. D'autre part, nos systèmes capitalistes ont cédé la place à ceux qui ont le pouvoir par l'argent et le pouvoir politique. C'est pourquoi des marionnettes pleines de pouvoir par l'argent, et manipulateurs de masses réussissent à se faire élire au pouvoir, dans les pays les plus importants du monde.

Les manipulateurs de foule échappent à cette loi naturelle, comme celle de la horde de loups…

C'est dommage, ce ne sont que des bouffons (clowns) soutenus par des semblables.

NOUS SOMMES TOUS NOVICES

Comme c'est simple, on vient au monde, on apprend à marcher, on s'instruit, on apprend un métier ou une profession, on travaille et on se fait des amis, on prend sa retraite et on vieillit et on ne veut plus rien faire...

Vive la retraite !

La monotonie tue notre corps et fait vieillir notre cerveau. Être à la retraite et s'endormir avec monotonie est une mauvaise décision, imaginez le message envoyé à votre cerveau : « j'ai travaillé toute ma vie et dorénavant je ne fais plus rien, alors laisse-moi m'éteindre en paix. »

Nous suivons tous un plan qui nous a été inculqué par d'autres, selon le système dans lequel nous vivons et le tour est joué… Donc, notre cerveau est vieux, car il n'a plus rien à faire…

Pourquoi n'apprenons-nous pas à marcher différemment ? Si vous avez le dos rond, c'est le temps de réajuster vos chaussures. Talons trop haut ou trop bas, à une grosse influence sur votre colonne vertébrale.

Je l'ai fait, parce que je marchais trop du talon et ça me faisait mal à la colonne vertébrale, jusqu'au moment de m'en rendre compte. Du coup, j'ai acheté une meilleure paire de running, avec un talon plus haut et une semelle en silicone, pour absorber les vibrations de chaque pas. Et j'ai corrigé la mauvaise habitude que j'avais prise de mon service dans l'armée, qui était de marcher sur nos talons, et de faire du bruit comme un bon soldat…

Réinventons notre vie !

Se voir continuer, développer plus d'habiletés dans le sport ou le travail, c'est bien, cela oblige le cerveau à travailler de nouvelles façons pour aller plus haut, plus loin, plus vite et faire améliorer les exécutions en corrigeant nos mouvements, etc.

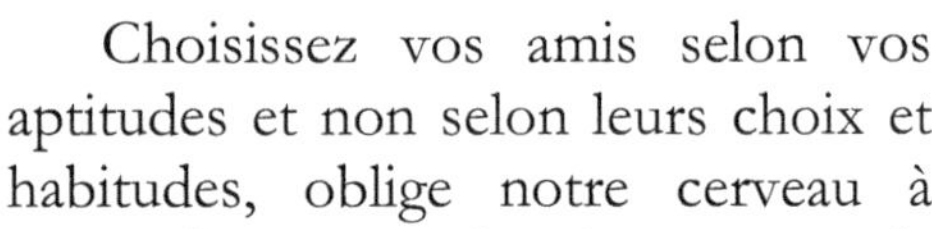

Choisissez vos amis selon vos aptitudes et non selon leurs choix et habitudes, oblige notre cerveau à trouver des moyens de plaire, de charmer et de développer de nouvelles postures et expressions.

Faites un travail que vous aimez, même s'il paie moins, au lieu de vous ennuyer toute une vie. C'est ennuyeux, et les journées sont longues, quand tu fais un travail que tu n'aimes pas ; le changement est justifié, car vous risquez de vous blesser en faisant les mêmes choses accablantes encore et encore.

Le partenaire de vie n'est pas pour la vie si les choses tournent mal. Une mauvaise relation fait du mal à tout le monde et nous éloigne de la personne parfaite que nous pourrions rencontrer.

L'amour remplit les cœurs et brille sur tout le monde et l'amour nous amène à inventer des choses, pour les gens que nous aimons, et le cerveau coopère au bonheur…

Enfin, la retraite, c'est seulement faire les choses qu'on aime, mais surtout pas pour rien faire. Si vous ne voulez rien faire parce que votre travail était ennuyeux et épuisant, ce n'est pas une raison pour vous détruire en devenant paresseux pour attendre la mort.

À la retraite, il est temps de se récompenser et de confier de nouveaux exploits à son cerveau, au lieu de continuer à l'ignorer, ou peut-être de se laisser inventer des maladies, pour se plaindre et attirer l'attention sur ses maux.

Toutes ces énumérations ne font que mentionner des choses qui donnent du travail à notre cerveau sans qu'on lui demande, mais ce livre est pour autre chose. Ce livre a pour but de vous aider à sortir des sentiers battus, dans l'espoir d'acquérir une relation amicale avec votre cerveau.

Si vous êtes heureux et que votre santé soit bonne et en plus, que vous soyez âgées, alors vous avez la bonne recette et vous êtes probablement en bonne relation avec votre cerveau…

Mais si vous vous asseyez sur vos steaks à ne rien faire, vous n'avez pas compris l'histoire de la machine dans l'arrière-cour qui a pris le bord de la ferraille, pour être vendu en pièces détachées, et ça viendra trop vite si vous persistez à ne rien faire. Faites n'importe quoi, mais bougez !

Les courbatures arrivent vite, les rhumatismes font mal, une mauvaise digestion gâche de beaux moments avec les gens que l'on aime. Et les fumeurs qui se tuent lentement ne sont que des esclaves avec un cerveau complètement endormi, ils sont hors de la réalité et leur cerveau est complètement désactivé.

Le cerveau est là pour aider les gens de bonne volonté, si nous en rions, alors il se moquera de nous en retour. Le cerveau a plusieurs fonctions, il pense par lui-même, faites ce que vous voulez et vous obtiendrez ce que vous ne pensez même pas obtenir. Parfois, la fin pourrait être si douloureuse.

Votre cerveau, votre ami !

Lorsqu'il est mentionné « CERVEAU », cela signifie des actions bénéfiques pour le corps par la circulation d'énergie par le sang et les pores de la peau et tous les autres organes en harmonie… L'énergie circule également par le système nerveux et par les mémoires musculaires.

Nous ne faisons rien, donc ; nous sommes sûrs de n'avoir rien en retour.

Dans le prochain chapitre, je devrai faire la différence entre ce que plusieurs pensent le même état : l'esprit et l'âme.

NOUS NE DEVONS PAS OUBLIER L'ESPRIT

Plusieurs, pour ne pas dire beaucoup, ne profitent de leur esprit que pour faire des folies. Et, les détournements sont nombreux, surtout pour des gens comme notre ami Pierre, qui croit à tout, les yeux fermés et d'autres comme, ci-dessous :

Besoin de se droguer pour planer.

Les victimes du dialogue avec soi, de l'obsession, de la schizophrénie, de la constipation figée par des idées qui ne veulent pas changer…

Éducation ? Eh bien, l'éducation est notre système capitaliste ; nous n'envoyons pas nos enfants à l'école tous les matins, si tôt le matin, pour rien. Ils doivent suivre nos traces et apprendre, pour prendre le relais un jour, à payer notre retraite…

L'idolâtrie et la recherche d'un être supposé parfait (parmi les artistes) pour se reconnaître en eux et nous asservir de l'utilité d'exister.

Stress et anxiété, perte de contrôle, besoin de faire ses preuves aux autres ?

Et tous les problèmes de comportement.

Les gens obsédés par ce qu'ils veulent être, et en quête d'identité, se cherchent dans le prétendu Saint-Esprit miraculeuse de la Trinité ; alors que d'autres attendent qu'il se manifeste dans ses immenses pouvoirs. Mais, quand certains trouvent ses pouvoirs, c'est pour faire des génocides et des guerres. L'Esprit est le cadeau de la vie, de même que l'arbre à la vie ; mais notre prétention n'est qu'un mirage de grandeur projeté par l'ego, par notre synthétique âme, qui nous a été inculquée dans notre enfance…

C'est l'esprit qui nous permet d'exister, l'âme n'est qu'un filtre épais créé par l'éducation. L'avantage est que nous pouvons nous rééduquer selon nos connaissances accumulées, de par les années d'expérience intuitives...

L'âme a été créée par l'homme et son besoin de dominer les foules…

Des gens qui ont absolument besoin d'avoir raison et ceux de différentes synthèses, que d'autres sont dans le tort.

Des gens qui se donnent le droit de décider ce qui est bien ou mal.

Opinion, parti pris, etc. OK ! tous ont leurs idées sur ce qu'est l'esprit et ses grands pouvoirs illimités, oui, mais, qu'est-ce que l'esprit ?

ESPRIT = talents et tout ce que vous ferez avec, avec ou contre vous-même et les autres.

Nous venons au monde avec nos talents et c'est à nous de les développer.

Et si nous n'avons pas le caractère qui va avec, alors, les grands pouvoirs supposés de l'esprit, sont nuls, caducs. Et, l'âme prend la relève et nous devenons des adeptes faciles à endoctriner, dans l'empreinte créée par l'homme, alléluia !

D'ACCORD ! Alors, nos pauvres talents, deviennent exploités et transformés en croyants complets, et ce qui va avec… Ce qui nous procurera un alignement devant le berger.

D'ACCORD ! « Bonjour ! Ici, la polémique ! »

Vous êtes vivant = vous êtes un ESPRIT ; tout ce qui vit est esprit et la première condition est que vous ayez un corps pour rester en bonne santé (votre vraie richesse).

Ou sinon, c'est parce que nous sommes un pauvre esprit avec un corps malade. Personne n'est obligé d'avoir la même idée, mais la maladie sait pourquoi nous sommes malades…

Nous sommes tous nés avec des talents et des tendances, à nous de les exploiter. Même la nature, et ce que nous en faisons, nous donnent des talents différents ; il y a des arbres qui poussent de travers et d'autres qui se tiennent droits.

Il y a des gouvernants et des gouvernés, mais nos systèmes capitalistes et autres mélangent les cartes. C'est pourquoi nous élisons souvent des pantins qui ont appris à gérer les foules. Les humains sont les bibittes parmi les plus peureuses sur Terre ; c'est pour cette raison qu'il était facile, pour nos dirigeants, d'éduquer nos éducateurs, qui nous ont ensuite éduqués dès la naissance…

Ma mère m'a raconté que, dans son jeune temps, le clergé disait à ses parents : « Donnez-moi votre enfant pour un an seulement, et nous ferons de lui un chrétien pour la vie. » Toutes les organisations du monde connaissent l'implication de la propagande, la publicité et la nécessité de l'inculquer dès l'enfance...

Il en était de même aussi pour les dictatures, et imaginez maintenant les justifications pour lesquelles nous nous sommes endormis… Cependant, la majorité d'entre nous sont nés suiveurs, comme dans une meute de loups ; donc, en tant qu'humains, ils n'ont pas eu la possibilité d'assimiler la vraie définition de ce qu'ils apprenaient, donc, ils en résultent que plusieurs ont leurs propres définitions des choses.

Et le résultat est que les foules peuvent ainsi être charmées par des abuseurs…

La confiance en soi, fait la différence.

La confiance en soi s'acquiert avec des connaissances que l'on assimile, selon nos propres talents et aussi, selon nos tendances, un peu comme l'arbre qui est tordu ou l'autre qui est droit…

Nos systèmes sont pleins d'arbres tordus.

OK maintenant ! Pourquoi est-ce que je dis tout cela et même que je répète des écrits similaires, là-haut, dans ce livre ?

C'est qu'à l'inverse des spéculateurs qui ont raison de le faire, l'esprit ne peut pas être plus grand que l'intelligence et les talents de chacun.

L'intelligence, c'est de pouvoir communiquer avec tous nos organes, de les maintenir en santé (notre vraie richesse). Ce qui fait la différence, autant pour la santé que pour le succès, c'est la faculté de communiquer avec notre cerveau, qui a le pouvoir lorsqu'il est activé, de coordonner une synergie dans toutes les mémoires que le cerveau a stockées dans tout le corps, afin de nous garder en bonne santé… Ensuite, en accord avec l'esprit, notre cerveau devient notre ami et nous ouvre aussi des opportunités vers la réussite, selon nos talents.

Pour le moment, oublions l'autre partie des mémoires de l'esprit qui nous dirige, sans le savoir, enregistrée inconsciemment tout au long de notre vie, dans notre subconscient ; ainsi que les habitudes synthétiques saisonnières que nous répétons constamment, et encore, car nous pensons que la routine, c'est la vie…

Oui, on ne le répètera jamais trop : l'esprit est la partie vivante de nous, et tout ce qui vit est ouvert à la création. Mais notre âme synthétique chérie, notre fruit de la faute du dormeur, utilise son prétendu grand pouvoir pour déclencher des guerres raciales, différentes liquidations de croyances ethniques ; et nous ampute et nous dirige dans une seule direction vers les maladies et la servitude…

Le pire, c'est que notre monde de pollueurs continue de proliférer, avec le rêve criminel de polluer aussi d'autres planètes !

L'accès à l'esprit (notre accès au cerveau) est limité par des croyances, des principes, des scrupules, des malaises, des crimes, des injustices, etc. Et tout ce qui limite la liberté aux autres et à nous-mêmes.

Même dans les exercices de méditation, promus par les grandes organisations commerciales, l'esprit est trompé au profit de l'âme instruite et figée par leurs croyances et tendance à l'adhésion. La plupart de ces prétendus promoteurs de la méditation ne le font que pour accumuler des adeptes payants…

Les ennemis de l'esprit sont aussi politiques, religieux, raciaux, ancestraux, préférentiels et le pire, est que toutes ces idéologies désuètes sont encore perpétuées, de génération en génération…

D'ACCORD ! J'entends l'un d'entre vous dire : « le monde ira bien, et la planète Terre aussi, elle peut supporter nos extravagances, même si on se fout de sa santé. Mais pour nous, notre santé doit être notre priorité ; et cela passe par des aliments sains et un ensemble perpétuel d'exercices physiques.

Nous ne pouvons pas être meilleurs que ce que nous mangeons ; et nous ne pouvons pas avoir un esprit plus grand que ce que nous sommes. Si nous sommes en santé, alors notre esprit est grand...

Ce n'est qu'alors que la réactivité viendra, que nous sommes vraiment un esprit qui peut parler avec son cerveau, ainsi qu'avec toutes ces vies qui nous entourent. Il n'y a pas de négatif dans tous ces énoncés, il n'y a que de la positivité pour nous aider à changer notre façon de mieux se traiter soi-même...

SINCÉRITÉ ET CAPACITÉ À SE DOUBLER

Les choses ne vont pas pour le mieux pour Pierre (se doubler !) Là il pense que je le prends pour une valise, il me dit : « Tu ne vas pas essayer de me faire avaler ça, tu me prends pour une valise ? »

Je n'allais pas lui répondre de la même manière et lui dire que c'était impossible, car sa valise était déjà remplie et bouclée de croyances négatives de toutes sortes…

Mais Lucy était ravie, même si elle avouait qu'elle ne comprenait pas le tout.

Le but de ce livre n'est pas de vous donner l'opportunité de vous perdre dans le royaume de l'esprit et de son développement. Si vous voulez approfondir ce sujet, vous pouvez consulter mes autres livres en français :

PERDU AU-DELÀ DU SIDÉRAL ou un autre écrit il y a une trentaine d'années : RÉINVENTONS NOTRE VIE.

Pierre, réagissant toujours contre mes idées folles, dit-il.

Pierre : « C'est facile à dire pour toi, car tu prétends être définitivement installé dans ta vie de MILLIONNAIRE DE L'UNIVERS. Tu vis sur ton bateau dans le Sud et tu n'as plus qu'à penser à toi-même. »

Je lui réponds aussitôt, « hum, non, je ne pense pas vraiment à moi », lui ai-je dit, avec un ton moqueur, « mais je suis très occupé à aider mes amis à la marina et à faire mes exercices tous les jours pour rester en bonne santé. Je pratique ma musique que je compose, je joue de ma flûte de pan et je manque aussi de temps pour me détendre… » « Et surtout Pierre, je confie toujours de nouveaux exploits à mon cerveau pour qu'il soit lui aussi actif ; et qu'il m'écoute avec diligence... »

Sans vouloir me répéter, j'ai mentionné plusieurs de ces états de dédoublement dans d'autres de mes livres, mais j'essaierai d'être à la fois explicite et bref.

DÉDOUBLEMENT ou doublement dirigé

En expliquant d'abord la position du dirigé.

Une grande majorité du monde, comme le doublement dirigé, doit suivre les autres pour se faire une idée. La foule va dans la direction où tout le monde va et ils sont dirigés, sans le savoir, par l'énergie de la foule (SYNERGIE). Si vous regardez un groupe d'oiseaux qui arrive dans un champ, pour manger des grains, au bout d'un moment, l'un d'eux est comme le chef, et dans son langage, il lance le message instantané : « ça suffit de ce genre de grains, alors, allons ailleurs ! »

Le message est passé à tous les oiseaux, en même temps en une fraction de seconde, et synchronisé comme dans une danse EN LIGNE, ils s'envolent tous à la même seconde et dans la même direction. Et un autre groupe arrive et fait de même.

Quelle perception synergique !

Les manipulateurs de foule utilisent cette tendance dans leurs plateformes électorales, et ils gagnent de plus en plus d'adeptes dans le monde entier. C'est-à-dire que plus cette tendance sera GÉNÉRÉE, eux, les gens de la populace, ils décideront d'élire, des dirigeants comme eux.

Cela se passe partout dans le monde, le pouvoir entre les mains de nos prochains dictateurs démocratiquement déguisés.

Vous pouvez déjà le voir dans les pays les plus importants du monde. La foule est facile à mener avec un beau slogan de propagande répété, précisant qu'ils obtiendront plus de n'importe quoi en votant pour eux. Et ils se spécialisent dans la dilapidation de l'adversaire en objet du mal, c'est ainsi que les marionnettes (JERKS) prennent le pouvoir…

Mais ce qui nous intéresse ici, c'est le contraire de la populace, nous, ou ce que nous deviendrons…

Contrairement aux oiseaux, nous sommes individuels, nous pensons et agissons de notre plein gré, nous avons donc la possibilité et avons sûrement le talent de parler à notre cerveau et il se fera un plaisir de nous aider, comme au début des premiers pas de la vie, les uns devant les autres… Mais ne sautons pas les étapes, commençons par les déséquilibres, comme je le fais depuis plus de 30 ans…

Plus loin, vous aurez une liste d'exercices pratiques de déséquilibre faciles.

Nous pouvons trouver une excuse. Nous n'étions qu'un peu perdus par le besoin de gagner notre vie, donc notre être n'était pas endormi par notre indifférence et non désactivé par son contraire, la croyance, et quelque chose comme Pierre…

Alors, la facilité sera de notre côté…

Le supposé succès, qui prend toute la partie de votre vie, n'est en fait, qu'une maladie mentale du pouvoir de l'argent. Là aussi, il n'y a plus rien à faire, car pour ces gens nous ne représentons que la possibilité de faire plus d'argent.

Pauvres riches, ils sont éblouis par les diamants, et tous les jouets brillants et chers, qui leur donnent le sentiment de la royauté, tout simplement pauvres riches, esclaves du système capitaliste…

Par contre, qu'ils le fassent, ils sont tous tirés du même moule pour servir le système et nous donner des emplois.

DÉTENDEZ-VOUS

Ainsi, le vrai nous, nous-mêmes, avons la capacité de vivre en bonne santé et de demander de l'aide à notre cerveau, et de mettre notre boîte à outils à notre disposition.

Puisque des idées comme celle-ci ne se répandent pas dans la rue, nous devrons toujours activer notre relation avec notre cerveau par la porte arrière. C'est un début, alors inventez votre propre exercice !

C'est ce que j'ai toujours fait.

Faire des exercices de déséquilibre, oblige notre cerveau à trouver un moyen de ne pas perdre l'équilibre. Et c'est ainsi que l'on se rend compte que l'on a un ami dans la tête, et c'est en lui confiant des tâches de plus en plus difficiles, que l'on devient plus habile physiquement et que l'on entre plus sensiblement en contact avec notre cerveau.

Imaginez les exploits que réalisent les athlètes aux Jeux olympiques ? Les records d'habileté au hockey sont des personnes en contact constant avec leur cerveau ; des personnes qui guérissent rapidement lorsqu'elles sont blessées.

Les adeptes du sport, même s'ils le font indirectement, c'est que, ils se demandent des efforts constants pour se dépasser ; un peu comme le bébé qui apprend à marcher, le cerveau l'aide naturellement et cela n'a rien à voir avec l'esprit qui est là pour sa survie…

Le vrai pouvoir appartient à celui qui ne l'exerce pas.

C'est ainsi que s'exerce le pouvoir d'être en bonne santé, sans pouvoir, mais avec conviction.

D'autres moyens plus artistiques viendront plus tard. L'artiste parle à ses œuvres et ses œuvres lui parlent aussi.

Après avoir pratiqué des techniques régulièrement, par la porte d'en arrière, le genre de déséquilibre et d'extensions imaginaires des membres vers l'horizon, il deviendra naturel d'aller aux méthodes de l'artiste, mais pas dans ce livre, car certains sauteraient des étapes et risqueraient de tout gâcher. Oui, il faut se méfier de soi, car nous sommes humains.

Proverbe : Il est plus facile de se mentir sans s'en rendre compte, qu'il est difficile de mentir aux autres sans qu'ils s'en rendent compte… J'ai lu ça quelque part…

Le contrôle est comme le pouvoir ; vous l'obtenez quand vous ne contrôlez rien…

La plupart des maladies prennent des années d'abus avant de devenir chroniques et c'est le manque de respect envers notre corps qui aggrave la maladie ; même pour ceux qui prétendent que leur maladie est une maladie héréditaire, elle pourrait également être réduite. La plupart du temps, leurs héritages ressemblaient davantage, être du même caractère de laisser les choses aller, avant de faire quelque chose pour prévenir les maladies chroniques ; sans mentionner l'addiction à l'alcool, cause de tant de maladies…

La plupart des gens, dans le monde, vivent comme s'ils étaient bioniques et éternels…

Qu'est-ce que la duplication de soi-même, mentalement ? Se dédoubler...

Ce n'est pas facile de penser qu'il est possible de se dupliquer, c'est dans l'esprit, bien sûr… Pour certains sensibles, ils le faisaient déjà sans imaginer que c'était, se doubler. Penser à quelqu'un et se voir mentalement, proche à cette personne, c'est se doubler. Évidemment, nous avons besoin d'une stimulation ou d'un grand fantasme pour commencer, comme penser à un être cher que l'on n'a pas côtoyé depuis longtemps, ou qui est avec quelqu'un d'autre.

C'est un état sensible qui évolue, jusqu'au moment où l'on se voit vraiment proche de cette personne, en train de performer, comme dans un rêve éveillé, ce qu'on a vraiment envie de faire… C'est un état mental qui a du pouvoir, c'est comme se voir soi-même en énergie et de circuler à travers notre corps. Faire circuler plus d'énergie là où ça fait mal. C'est aussi comme parler à un arbre ou à un chien, à condition que vous sachiez ce que vous faites vraiment, car c'est une réalité.

Un exemple du contraire du redoublement : un de mes voisins, Berny, parle avec son chien et lui crie par la tête du matin au soir, mais il n'a aucune idée de ce qu'il fait. Il crie de longues conversations qui dérangent tout le monde, mais sans le savoir, il le fait par adversité et manque de patience. Autrement dit, il perd la tête. Et si je lui avais mentionné, qu'il pouvait transformer cette rage défaitiste en une compréhension positive et créative, il se moquerait de moi et me traiterait de rêveur.

Cela ne m'insulterait pas, car il préciserait incroyablement les causes négatives de ses actes : le manque de rêves pour atteindre son bonheur… Il rêve à l'envers, négativement, et voit tout comme un cauchemar…

Mais par contre, sa technique, si elle était appliquée avec connaissance, aurait un effet positif sur sa santé... Dans son dialogue avec son chien, il est sérieux, même s'il perd la tête. Sans avoir à crier, c'est ça une connexion réelle avec son cerveau, pour une meilleure circulation d'énergie...

Répondre à certaines de vos questions

Jusqu'ici, j'ai l'impression que vous avez des questions auxquelles vous aimeriez que je réponde ?

Pour aller plus loin, oui, je dois répondre à quelques questions.

Qu'est-ce qu'une croyance ?

Une croyance est quelque chose qui vous obsède, au point de diriger votre vie dans un seul sens, et au point de nier, à vous-mêmes, toute autre direction. C'est aussi une conception des choses, qui vous bouche les oreilles et vous oblige à convaincre les autres que vous avez raison, et que les autres ont tous complètement tort. Le résultat, ce sont des gens toqués, qui n'ont pas la faculté de se renouveler, en améliorant leur modèle de vie. Ils ne peuvent pas respecter les idées des autres qui sont loin d'être des idiots…

Exemples dont d'autres pourraient se ressembler : lorsque vous passez plus de 20 ans à étudier pour devenir un intellectuel ou un professionnel de n'importe quelle direction, vous avez une bonne raison d'être bloqué dans une seule direction. Peut-être ! Une autre raison pourrait être que certaines personnes n'ont pas le cerveau pour comprendre, quoi que ce soit d'autre, que ce qui a été branché et scellé dans leur tête...

Pourquoi certaines explications dans ce livre semblent-elles creuser dans les aspects négatifs du passé ?

Les exemples sont concluants :

Les corps malades et chroniques s'aggravent.

Un environnement de plus en plus pollué.

Des virus de plus en plus virulents.

Des leçons qui conduisent à des oreilles bouchées.

La croissance de la population ignorante et politisée.

Il faut donc remonter aux sources, mais à condition de savoir comment. C'est en grattant les croûtes des plaies qu'il devient possible de réveiller les dormeurs…

Quelles sont les raisons de tout remettre en question sur les choses sensibles de notre comportement ?

La majorité de nos systèmes de vie actuels nous ont zombifiés, OK ! Et c'est idéal pour la consommation, l'endettement et toutes sortes de raisons d'être dirigés d'une manière à consommer davantage. D'ACCORD ! C'est bon pour les autres et pour le système capitaliste, mais nous n'avons pas à nous en victimiser, en ignorant le résultat (faillite), est un corps malade…

Où peut-on se retrouver avec tous ces troubles mentaux ?

Premièrement, je crois en la profondeur d'une certaine partie de la population mondiale qui n'a pas besoin d'être gouvernée, comme des moutons, par le berger endoctriné.

Ensuite, pour mentionner, je ne passe pas des milliers d'heures à écrire des livres pour gagner de l'argent, je me fiche des centimes. Mon principal défaut est d'écrire et de publier, et cela a toujours été mon objectif, alors supportez-moi et laissez-moi essayer de vous aider à vivre en bonne santé. Sortons des modes zombifiés perpétués qui vous rendent malade et manipulé.

Nous arrivons bientôt à l'autre partie du livre, qui encourage la réussite...

Pourquoi les personnes âgées sont-elles plus susceptibles d'être malade chronique ?

Les personnes âgées ont un système de digestion fatigué et moins réactif, donc les minéraux nécessaires à la survie et au maintien d'un système immunitaire fort passent souvent directement dans les intestins et cela crée un manque de tout, en plus de faire avancer le vieillissement, etc.

Autrefois, la chaîne alimentaire était beaucoup plus saine. Maintenant, nous devons faire confiance aux énormes fournisseurs de nourriture, dont nous n'avons aucun contrôle sur ce qu'ils induisent dans notre nourriture ; attention : surtout si la source vient d'autres pays dont nous ne sommes pas de grands amis.

De là, la nécessité de consommer locale, et, de connaître l'incontournable, la réputation du producteur.

Si nous mangeons n'importe quoi, alors, ne soyons pas surpris d'être n'importe quoi, autre, qu'en santé !

Le courage

Le courage, ce n'est pas d'endurer la souffrance de la maladie, mais de faire ce qu'il faut chaque jour, pour rester en santé !

Et enfin, pour conclure la logique sur ce que nous sommes, si nous sommes malades, et le pourquoi de ce que nous ne sommes pas encore, si nous devenons en bonne santé, je devrai me concentrer sur la partie la plus importante de notre vie : l'APPÉTIT.

Depuis toujours, notre existence a été initiée par l'APPÉTIT.

Nous sommes nés avec un APPÉTIT sans restriction.

Pour mieux expliquer avec raisonnement, faute de plaire à ceux qui ont une autre idée préconçue d'où nous venons, voici...

Ce que nous sommes, est le résultat de ce que nous faisons naturellement, sans nous remettre en question, en supposant que c'est bien pour tout le monde. C'est l'effet d'une cause, mais qu'en est-il de la cause en tant que cause et effet de quoi ?

Depuis la nuit des temps, comme nous avons évolué au fil des jours jusqu'à maintenant, rien n'a changé du tout.

La cause de toute notre existence et depuis la nuit des temps est : L'APPÉTIT.

Depuis, tout est lié à notre appétit incommensurablement. Personne ne peut s'en débarrasser, jusqu'à ce qu'il comprenne sa profondeur, et apprenne à vivre avec et à le modérer… Et le seul médicament, parce que c'est une maladie mentale chronique et générée dans le monde entier, est d'être sage avec la connaissance des effets de la cause…

La cause va vivre dans notre conception primitive pour toujours, l'effet pourrait être configuré selon notre capacité subtile, d'analyser et de comprendre...

Né primairement de l'appétit, comme tout ce qui vit ; l'effet de la cause a créé un résultat brutal qui est : l'insatisfaction généralisée.

Nous courons toujours instinctivement pour plus, pour plus gros, pour plus loin, pour plus riche et pour plus vite, sans fin, un appétit sans borne qui fait de nous, des esclaves de nos habitudes.

Et c'est, dans tous les domaines, la nourriture, l'argent, le sexe, la réussite, l'amour, le sport, la chasse, les guerres, etc.

Et le pire, c'est en voie de devenir la maladie de la plupart des dirigeants des grands pays du monde, élus par la populace facilement manipulée.

APPÉTIT et ÉNUMÉRATIONS :

Faim : besoin, boulimie, faim, famine, jeûne, voracité.

Gourmandise : cupidité, insatiabilité, voracité.

Désir-ambition, appel, nostalgie, attraction, besoin, buts, luxure, désir, envie, exigences, faim, fantasme, fièvre, envie, goût, idéal, intention, jalousie, passion, prétention, quête, recherche, rêve, soif, souhait, tentations, désir, but, souhait, voix, volonté.

Curiosité : attention, cupidité, intérêt, soif, soif d'apprendre, soif de savoir, soif d'avoir, soif de découverte.

Le résultat est une insatisfaction généralisée.

L'INSATISFACTION est l'effet de la cause

Et les effets de la cause, l'insatisfaction sont :

Mécontentement, besoin, frustration, insatisfaction, vague dans l'âme, manque d'apaisement, insatisfaction, insatiabilité, grognement, sentiment d'incomplétude, frapper, bâiller, dégoût, déplaisir, ennui, langueur, lassitude, vide, etc.

Alors, il vous est permis de douter de vous-même, mais moi-même je ne doute de rien, car nous venons tous de quelque part ; et le pire c'est qu'on n'a pas vraiment envie de le savoir...

C'est trop tard ? Non, car nous pourrions changer complètement la façon dont nous traitons notre planète et nous-mêmes, de manière inclusive…

Mais d'un autre côté, nous sommes tous d'accord pour améliorer notre santé, surtout, avant que notre malaise ne devienne chronique…

C'est le côté positif de la morale, comment savoir ou aller si nous ne savons pas ce qui motive notre air d'aller ?

Et cela commence par savoir qui nous sommes et pourquoi nous sommes si malveillants envers nous-mêmes, les autres et notre environnement…

Alors maintenant, imaginez tout ce que vous venez de lire et vous aurez de plus en plus de raisons de revenir aux premiers pas, devant votre mère, quand vous vous êtes exprimé de vous-mêmes, comme un bébé en bonne santé…

Assez pour la santé, passons au SUCCÈS !

Toutes les espèces vivantes de l'espace, incluant la planète Terre, sont alimentées par un immense APPÉTIT, comme déjà mentionné, et c'est normal pour la survie, la multiplication et l'amélioration de l'espèce, quelles qu'elles soient.

Les virures, bactéries, maladies, microbes et tous les organismes et micro-organismes sont aussi stimulés par l'APPÉTIT. On trouve les micro-organismes dans tous les types d'environnement présents dans la nature ; ils colonisent tous les écosystèmes, comme les sols, les eaux douces et les eaux salées, l'air, mais aussi des environnements plus hostiles tels que les pôles, les déserts, les geysers volcaniques, le fond des océans, etc.

Seul l'être humain est affublé de l'insatisfaction et souci de lui-même et de tous les synonymes mentionnés plus haut. (Voir chapitre 9 c).

C'est pourquoi l'appétit de l'humain, centré sur lui-même et sur son insatisfaction, connaît la défaite, la maladie et le doute de ses propres capacités, etc.

La différence pour ceux, avec un immense appétit et encore en santé, est qu'ils vont courir, par appétit, toute leur vie après l'argent et qu'ils n'en auront jamais assez.

Mais, tout peut tourner dans le sens opposé et devenir de l'APPÉTIT maitrisé, à condition d'enfin comprendre, d'où est, la source de nos déficiences égocentriques, donc de nos maladies et de notre insouciance envers notre planète.

Ne soyons pas scrupuleux, le système capitaliste et les autres sont basés spécifiquement sur l'APPÉTIT, mais positifs à notre point de vue, puisqu'il faut bien alimenter nos modes de vie. Je ne dis pas que c'est bien, mais nous appelons ça progresser et plus on progresse plus on pollue, et mange et on s'amuse sans se soucier de l'avenir de nos jeunes...

On dira : « faut bien vivre, OK ! »

Cependant, si la cause est l'appétit, alors, ce sont les effets divers qui causent des problèmes tels : la peur et le stress, ils sont des effets que tous les systèmes vivants partagent aussi, mais il faut apprendre, de même que l'appétit, à les contrôler...

Pourquoi répéter certains passages déjà mentionnés plus haut ? C'est parce que le côté supposément négatif de la source de nos problèmes : l'APPÉTIT et l'insatisfaction, peuvent devenir aussi nos amis. C'est de comprendre d'où ça vient et le pourquoi, qui change le moins en plus.

Assimiler la compréhension nous donne les outils, autant pour guérir de nos maladies et rétablir enfin notre santé, que de connaître le succès dans nos entreprises.

Assimiler est plus que comprendre, c'est comme digérer l'entendement et l'adapter dans nos intentions réelles.

Pour la santé et le succès, c'est d'être conscient de ce que nous faisons et le comment nous le ferons dorénavant ; au lieu de n'être qu'une victime de l'appétit incontrôlé et de l'insatisfaction généralisée, qui rend malade.

Se libérer de la peur d'abord.

Dans le temps, les humains avaient de bonnes raisons d'avoir peur, le danger était une chose réelle et même effrayante. Les bêtes effrayantes cachées à l'arrière d'un arbre étaient un danger immédiat de se faire manger, mais aujourd'hui, ces peurs héréditaires doivent être expulsées. C'est inné dans nos gênes, surtout pour les incrédules, les oreilles bouchées, qui n'ont pas la faculté de comprendre.

C'est une de ces raisons principales, pour lesquelles des gens vivent toute leur vie avec leur esprit créatif endormi et désactivé, et la crainte de s'engager dans leurs rêves...

Par exemple la peur de l'échec...

Pourtant, on apprend par l'échec, il devrait y avoir des écoles pour apprendre l'échec, qui n'est qu'illusoire autant que le succès ; tout est dans un département du cerveau...

L'audacieux fonce et ne craint pas de faire des erreurs pour enfin réussir.

Les objectifs faciles à atteindre deviennent vite monotones. Il faut développer un instinct pour ce qui est difficile à accomplir, grâce à ses talents et ses plus grands efforts.

Quant à la peur, tout le monde a peur, c'est de perdre le contrôle qui est encore plus épeurant pour les autres qui nous entourent. Cependant, une peur contrôlée pourrait être utilisée comme carburant stimulant, pour réussir. C'est une énergie très émouvante qui excite la création, et lorsque laissé aller, développe l'intuition.

La peur d'avoir peur est la plus puissante, c'est un peu comme ne plus vouloir aimer, parce qu'on a souffert de la perte d'une chose ou d'un être que l'on a trop aimé...

Peur des araignées, des couleuvres, des avions qui pourraient tomber, du vertige des hauteurs, de sa belle-mère ? Les peurs les plus puissantes et inimaginables sont celles attachées à l'hérédité du temps des cavernes, ainsi que de l'enfance. Les mêmes peurs instinctives de la bibitte qui pourrait entrer dans nos oreilles ou dans notre nez en dormant.

C'est aussi l'habitude d'avoir peur qui fait peur.

Mais tout commence dans le cerveau et les peurs doivent aussi être évacuées hors du cerveau, de la même façon qu'ils sont entrés, en se confrontant à ce qui alimente notre peur ; faire face aux bibittes...

Venons-en aux habitudes, elles peuvent aussi être canalisées vers l'action positive, au lieu d'en être des esclaves ; elles deviendraient alors des élans vers la réalisation d'un rêve.

Mais il y a des différences de réactions...

Faire la différence entre les habitudes des 35 ans et celles des 65 et plus...

À 35 on pense à réussir et s'enrichir et à 65, il serait préférable de travailler à se débarrasser des habitudes, sinon l'esclavage sera douloureux...

Préparer notre cerveau vers le succès.

On dirait que pour certaines personnes, l'Univers est avec eux ; tout dans l'univers fonctionne systématiquement pour les aider à atteindre leurs buts.

Leurs secrets sont si simples : se fixer des objectifs et travailler fort tous les jours !

De plus il faut savoir faire du ménage dans les idées, car au cours d'une journée, on est constamment bombardé de pensées, d'émotions et de stimulations externes ; le subconscient reçoit des milliers de messages, à s'y perdre, mais c'est à nous de guider notre concentration dans la direction de nos objectifs, au lieu de rester coincé avec...

Quand on est coincé, ce n'est pas la faute de notre intelligence, ou nos compétences, ou du manque de talent. Non ! si les promotions se font attendre, le coincement n'est que dans notre cerveau ; et heureusement, c'est modifiable, à nous de remettre à l'ordre notre cerveau...

Attention ! Souvent on peut connaître des, laisser aller, peut-être que momentanés, car le cerveau adore l'automatisation et tente souvent de revenir en arrière dans les mauvaises habitudes, tel que déjà mentionné.

Aussi, il faut se méfier des vendeurs de recettes, tout-en-un, de réussite vers la richesse ; ils s'enrichiront eux-mêmes, en vous inculquant encore des habitudes pour vous creuser encore dans l'esclavage. Ils ne savent pas que rien ne peut être rempli avant d'abord, avoir été vidé.

Quand nos systèmes de mémorisations, sont déjà remplis de peurs et d'idées fausses qui vous ont rendus malades, ou abaissés, ou qui vous empêche de réussir, alors il faut d'abord utiliser un procédé, pour désemplir les mémoires, pour ensuite penser à se meubler d'intentions positives...

Quand c'est plein, tout ce que l'on essaie d'y ajouter, déborde et les efforts deviennent inutiles...

Vider et reprogrammer ensuite !

(Voir comment vider, voir plus bas.)

Lorsque vous commencez à reprogrammer votre cerveau, pour guérir ou réussir, vous créez une forte motivation personnelle générant une force mentale positive.

Les motivations positives dispersent alors les croyances négatives qui vous empêcheraient de réussir.

Comme déjà mentionné, il faut vider ce qui est déjà trop plein, avant de pouvoir remplir...

Une fois que vous avez compris cela, voici les étapes à suivre.

Congédiez votre démolisseur intérieur.

Votre démolisseur intérieur est la critique négative, dans votre tête, qui vous empêche d'avancer et qui est l'instigateur de vos peurs ; ce que l'on surnomme le (dialogue intérieur), un genre de schizophrénie, légère à grave, qui parle sans cesse en arrière-plan dans la tête.

Tout ce qui sort de cette voix est comme le crachat d'un serpent venimeux ; il vous fait dire que vous êtes le meilleur, sans preuve, alors que l'autre n'est que rien. Mais, il en résulte que vous ne faites jamais rien de bon, justement parce que vous vous pensez trop bon, mais rien n'est assez bon pour vous. Ce n'est qu'un moyen de se cacher derrière le serpent et ne rien faire...

Le discours intérieur négatif n'est qu'un des symptômes du comportement autodestructeurs et des croyances limitantes, il ne cache que l'excuse insoupçonnée de ce qui est caché dans le subconscient, sous une des nombreuses couches, camouflées dans votre esprit.

Pour vous libérer de votre démolisseur intérieur, qui sabote vos efforts, vous devez le neutraliser. Voici comment, je l'ai anéanti, il y a déjà une cinquantaine d'années...

Savoir sortir votre pensée de votre tête !

Voici une excellente façon de le faire. Avant n'importe quoi, ne faites jamais une méditation sans au préalable avoir libéré tous vos muscles du cou. Si vous avez des contractions qui empêchent votre cou de se libérer dans tous les sens, alors votre énergie ne circulera pas bien.

Tout commence toujours par une bonne respiration.

Autant que possible, fermez les yeux quand vous respirez profondément, car vous devez voir, mentalement, votre respiration aller jusqu'au bas de votre ventre. Garder l'air au bas du ventre 5 secondes pour en retirer de l'énergie et oxygéner votre sang. Prenez le temps qu'il faudra et lorsque vous vous sentirez assez oxygéné, projetez votre pensée près de votre front (cortex préfrontal) tout en respirant profondément.

Nous n'avons pas la facilité de concentration sur notre cortex préfrontal, car il est intérieur, il est plus facile de sortir notre pensée à l'extérieur du front, ce que l'on appelle aussi (le troisième œil).

Le nom n'a pas d'importance, ce sont les gestes qui comptent...

Donc, projetez votre vision mentale à l'extérieur de votre tête, visionnant le front, comme si vous étiez vous-mêmes à l'extérieur avec votre pensée ; pratiquez, et ça viendra... Si vous avez de la difficulté de concentration, allez devant le miroir et visionnez votre front, là où doit être votre pensée, mais ne visionnez pas vos yeux. (Sinon, vous perdriez la concentration.)

Maintenant que vous êtes à l'extérieur, mentalement, laissez venir dans votre vision mentale, ce démolisseur qui sabote sans cesse, de négativisme et de peurs, vos élans vers vos rêves... Si vous n'avez plus de rêves parce que trop déçut de vos nombreuses défaites, alors, visionnez un plaisir ultime que vous voulez enfin réaliser.

L'important est de vous débarrasser de votre démolisseur pour éliminer votre serpent venimeux.

Laissez temporairement libre cours à votre démolisseur, même si ça vous rend triste. Et identifiez bien ses techniques de destruction et de sabotage qui s'opéraient sur vous-mêmes et les autres. Vous sentirez une tension entre vos yeux, c'est bien.

De l'extérieur, imaginez à quoi ressemble votre démolisseur intérieur, là entre vos yeux, écoutez ses dénigrassions, identifiez la voix critique intérieure. Maintenant que vous l'avez traqué et identifié, ses effets négatifs auront moins d'effets sur vous. Et, après un certain temps de pratique du même exercice, vous verrez la vie différemment...

Ne soyez pas gêné de lui exprimer votre dégoût et répudiez ce démolisseur pour toujours. Souvent il est des résidus simplistes de l'enfance, il ne fallait que les identifier et les traquer.

Dégueu ! Débarrasse-moi le plancher !

MÉDITATION paisible

Quand vous méditez, assurez-vous de ne pas être dérangé, commencez par relaxer tous vos muscles en commençant par ceux du cou ; à chaque inspiration, conduisez l'air inspiré jusqu'au bas du ventre et gardez l'air 5 secondes. Faites toujours de même.

Expirez brutalement en exprimant votre détermination de ne plus jamais vous laisser envahir par votre ex-ennemie. En expirant brusquement vous libérerez des mémoires subconscientes, hors de votre esprit, de votre cœur, de votre corps et d'autres mémoires inconscientes qui étaient incrustées dans votre esprit.

Dans un autre de mes livres, publié en Français, il y a une trentaine d'années : Réinventons notre vie, tout un chapitre sur la respiration y est consacré, alors je ne veux pas me répéter avec de longues techniques...

Le subconscient est difficile à dompter, il reviendra vous tourmenter, car ce gros bébé ne connaît pas la différence entre bon, mauvais, ou pire...

L'idéal pour le moment est de se mémoriser des symboles représentant votre ex-ennemi, et d'afficher ici et là ces symboles, vous rappelant ses méfaits sur vous-mêmes. Griffonnez un schéma, sur papier, de votre ex-ennemi et changez-le d'endroit pour vous assurer, de la supercherie possible, que vos yeux ne veulent plus le voir... Donnez-lui un nom de rapace !

Identifiez des projets réalisables.

Développer l'état d'esprit

Réussir commence par vos intentions conscientes et votre engagement à atteindre vos objectifs.

Pour activer vos talents intérieurs, vous devez d'abord reprogrammer vos intentions, avec des respirations profondes de la même façon que vous avez chassé votre ennemi intérieur, mais à l'inverse en inspirant de bonnes intentions.

Prenez des décisions constantes et répétez-les souvent, en vous les entrant dans la tête. Vous changerez alors votre façon de faire en prenant des décisions fermes qui influenceront votre comportement.

Vous verrez d'autres réussir dans des domaines différents du vôtre, mais vous n'êtes pas les autres, alors ne faites pas l'erreur d'imiter ou de vous voir avec les talents des autres ou d'en être jaloux.

Il est possible que d'autres ne réussissent pas, c'est parce qu'ils n'ont pas développé le même état d'esprit, comme vous, ni les compétences, ni un plan stratégique, ni l'engagement et la motivation appropriés pour atteindre leurs objectifs.

Votre plan est unique, car c'est votre plan ! Ne vous laissez pas décourager par ceux qui faillissent, ils n'avaient pas les mêmes dispositions que vous.

Laisser votre créativité se libérer, en vagabondant.

La créativité est une essence renouvelable, mais les délais stricts de tombées et la gérance du temps sont incompatibles avec la création. La créativité se complait hors du temps, en flottaison, et s'explore aussi de l'intuition, en naviguant librement.

L'amour, la passion le plaisir de ce que l'on exécute ou planifie, selon notre personnalité, excite le rêve et alimente le moteur du créateur ; et cela, pour récolter ce qui a été semé dans le vagabondage.

S'IMPOSER catégoriquement.

Il faut s'imposer dans l'objectivité de nos projets, même si de prime abord ça semble bizarre.

Pour atteindre vos objectifs et réaliser des progrès encourageants, il faut s'engager sérieusement en s'imposant catégoriquement. Alors, pour entrer en contact avec votre côté créatif, apprenez à réfléchir à de nouvelles idées avec votre esprit intuitif.

Au début du livre il est mentionné, l'importance de développer les outils accessibles dans notre cerveau, nous pouvons également avoir accès à ces outils pour nos créations et découvrir notre intuition.

Laissez votre esprit vagabonder pendant vos relaxations et méditations journalières et vous remarquerez l'amélioration de votre production dans l'espace du temps et de temps en temps.

Accédez à votre intuition. C'est la clé...

Votre sage intérieur sait, comment alimenter la partie intuitive de votre cerveau. Vous observez vos pensées et vos comportements, comme en arrière-plan (à partir d'un site sensible de l'intuition) c'est la clé.

Ne soyez pas scrupuleux de copier-coller, les bonnes idées des autres, mais surtout de les améliorer et d'en faires vôtres...

Tous les êtres de la terre et même de l'espace sont à l'écoute de ce qui se passe à l'extérieur et à l'intérieur d'eux-mêmes ; et dans l'espace temporel, rien ne se fixe en permanence. L'esprit inventif et créateur est conscient de ce phénomène et il laisse son intuition papillonner, sans se fixer, pour éviter la monotone complaisance.

Votre ENNEMIE no 1

Soyez présent dans vos idées intuitives et croyez-y et surtout, ne vous placez pas dans un état d'attentes de résultat ; soyez impliqué et responsable des résultats. L'attente n'est que de la spéculation qu'un résultat va venir, et les suppositions tue l'implication et notre perception de l'intuition.

Foncez, et lorsque vous prêtez attention à ce qui se passe en vous, écoutez et faites confiance à votre intuition, les résultats positifs seront beaucoup plus susceptibles de se réaliser.

Prenez le temps d'écouter la sagesse tranquille et paisible de votre esprit. L'intuition, c'est se laisser conseiller et suivre ensuite le bout de son nez...

NON ! À l'alcoolisme, les drogues et la boucane inhalée de cigarette qui calcine les poumons.

Si vous êtes alcoolique, drogué ou que vous fumez, alors, arrêtez-vous là, car dans cette condition d'auto suicide, votre cerveau vous considère comme un criminel en état d'autodestruction et envers votre propre survie. Et il vous abandonnera à votre destruction...

Débarrassez-vous d'abord de ce qui vous tue à petit feu, en identifiant les causes profondes des blessures qui causent votre état d'auto suicide, et ensuite recommencez à lire et apprendre, au début du livre. Et si la tâche est plus que difficile, car l'alcool détruit des cellules vitales dans le corps, donc aussi physiquement dans le cerveau, alors travailler plus fort.

Comprendre n'est pas donné à tous également, surtout si votre cerveau est brulé par des produits chimiques tels l'alcool, ou autres comme l'acétone, qui endommagent en permanence le cerveau ou autres organes, etc. Alors, vous avez besoin de plus qu'un livre, voyez des spécialistes de la médecine.

Imaginez seulement les besoins vitaux de votre corps : le sang puise un peu de l'eau, dans votre corps, pour s'alimenter. Imaginez maintenant que l'alcool est soluble avec l'eau, donc ce qui circule dans votre corps est du sang alcoolisé ; imaginez la suite des dommages, qu'il vous faudra payer, un jour...

L'alcool est soluble avec l'eau, bravo, c'est probablement une des raisons pour lesquelles les grandes compagnies de pétrole y incorporent de l'éthanol, un extrait du maïs, qui est de l'alcool. Cela permet surtout aux compagnies de pétrole de passer l'eau dans le fond des réservoirs des stations de service. Le 10 % d'alcool (éthanol) mélangé avec l'eau passe bien dans nos moteurs de voiture, mais le principe est que nous payons aussi pour de l'eau et qu'il y a même des taxes perçues sur cette eau...

Par contre, le mérite est de nettoyer le fond des réservoirs et de ne plus avoir à pomper l'eau qui s'accumulait, en plus du risque de déversement de pétrole causé par la rouille des réservoirs.

C'est un peu comme, pour ne pas tuer tout le monde d'un coup sec, ajouté par prévention, tous les produits chimiques aux eaux potables des villes et villages ; le principe est : vaut mieux empoisonner nos citoyens lentement que de remplir les hôpitaux avec des victimes d'infections de microbes, bactéries telles coliformes, etc.

La morale de l'histoire est qu'il faut faire des compromis politiques, souvent 50-50 % ; c'est notre prix à payer...

OK MAINTENANT !

Je n'ai que 79 ans d'expérience à vous présenter…

J'ai encore beaucoup à apprendre, mais je suis encore jeune, je suis né en 1942 pendant la guerre ; mon père a été exempté de la guerre, parce que je suis né. En 42, avec 2 enfants, tout homme était dispensé de faire la guerre. En 1942, beaucoup d'enfants sont nés, vous voyez pourquoi ! Alors, je n'ai que 79 ans, si vous calculez bien. J'ai passé ma vie à tout créer à ma façon, mais je n'ai jamais vraiment négligé ma santé. Même très jeune, ma santé était ma première préoccupation et ma richesse.

Mes amis, qui m'ont vu faire tant de projets différents, selon leur vision de la vie, ils se sont demandé pourquoi je me compliquais autant la vie.

C'est simple, j'aime ce que je fais et j'arrive toujours à créer quelque chose de beau, d'artistique et voici un petit exemple. Mais, contrairement à ce qu'ils pensent, pour moi, créer n'est pas compliqué…

J'ai construit cette maison unique, qui a commencé par une maison mobile de 33' et une extension en verre ressemblant à une véranda. J'ai tout jeté par terre pour en faire ceci.

Jetez un coup d'œil, car vous ne verrez jamais une maison unique comme celle-ci...

12 ans dans la construction, mais pendant ces 12 ans j'ai passé 6 mois par an en Floride. Alors, nous réduisons le temps de construction à 6 ans.

Mais, lorsque mes amis ou admirateurs passaient devant, pour jeter un curieux coup d'œil sur ma création qui évoluait en y rajoutant un autre toit, je m'arrête pour discuter avec eux. Donc la moitié des 6 années réduit la construction à 3 ans. J'avais une moto, et quand il faisait beau, j'aimais rouler avec des amis, pendant environ la moitié du temps. Donc, je peux conclure que le temps de construction était d'environ 1 an et demi, en prenant lentement mon temps ; mais étalé sur 12 ans.

Le petit balcon du deuxième étage était pour Roméo, moi, et les Juliette qui devaient me chanter une ballade, d'en bas, mais aucune d'elles ne savait chanter, qu'elles m'ont dit…

La cour arrière était pour se détendre, sur une terrasse de 24' x 16' (pas sur la photo) construite à 16' au-dessus de la rivière Mawcook.

L'arrière et le patio étaient aussi mes espaces de vie préférés.

Le très coûteux était d'installer un système sanitaire Eco-Flow et le puits artésien ; mais il fallait le faire pour vendre.

J'ai vendu parce que je me considérais comme prisonnier de ma maison, en plus, elle était trop grande pour moi. Deux professionnels se sont présentés et à peine 20 minutes après avoir visité les trois étages, Nikola m'a demandé si j'avais d'autres visiteurs, j'ai répondu : « Je viens de l'annoncer. »

« Pouvons-nous signer une offre d'achat maintenant ? » Il répond et ajoute : « nous la voulons et je veux m'assurer de ne pas la manquer. » Aucune négociation n'a été faite.

D'ACCORD ! C'était sans regret, car mon caractère est de créer et non de m'attacher…

D'un autre côté, mon choix de vie sur mon voilier était facile à décider. Aussi, pour les mois d'été, je voyage avec mon campeur de voyage.

Ceci est uniquement pour vous donner une vague idée de mes choix de créations, qui ont rempli toute ma vie, et il en était de même pour le côté santé… Il y a des raisons et des choix, et à chaque choix, il doit y avoir des raisons de le faire. Et vivre au bord de l'eau est pour moi un plaisir extraordinaire !

Je l'ai entièrement rénové et j'ai ensuite construit la cabine arrière il y a deux ans ; c'était ma meilleure idée...

C'est une question de choix que j'aime, non pas parce que j'aime manger des plats de poisson, mais vous pouvez voir la perfection de ce design. Ted Irwin était un maître ; mon bateau ressemble à un poisson dans lequel j'habite en hiver... C'est le genre de voilier pour faire le tour du monde en toute sécurité et rapidement grâce au design genre poisson.

TOUT N'EST PAS TOUJOURS CONCLUANT

Il y a des exceptions, les miracles n'existent que dans l'esprit des gens qui rêvent que cela arrivera un jour, mais rien ne se passera si nous ne mettons pas l'épaule à la roue. Je compte sur mes nombreuses expériences avec ma propre santé. Mais il y a toujours des raisons, au-delà de notre connaissance, si le résultat de notre expérience ne fonctionne plus comme avant.

Voici une de mes histoires

Voici une de mes histoires, dont mes techniques naturelles n'ont pas bien fonctionné et m'ont fait douter de moi, comme mentionner au début.

J'étais sur mon bateau, dans le sud, où je passe mes hivers ; un soir je m'allonge sur une sorte de canapé étroit où nous nous asseyons confortablement, mais un peu étroit pour dormir. D'habitude, je dors à l'avant du « V Bert ». J'avais trop sommeil pour déménager là-bas.

Je devais être très fatigué, car j'y suis resté toute la nuit sans me réveiller. J'ai dû dormir trop longtemps avec mon épaule très tordue, de toute ma pesanteur, en dessous de moi. Je me suis réveillé avec une de ces douleurs musculaires ou névralgiques à l'épaule et jusqu'aux muscles du cou et aux nerfs allant jusqu'à l'oreille droite. Je ne pouvais pas bouger mon bras ; c'était si douloureux. L'épaule et tout autour était brûlant de fièvre et engourdi.

Comme d'habitude, je pratiquais mes massages et demandais à mon cerveau de faire circuler plus d'énergie. J'ai fait comme si c'était l'épaule de quelqu'un d'autre. J'ai visualisé le flux de sang contenant de l'énergie de guérison. L'énergie liquide coulait comme dans un tuyau d'arrosage et je massais de haut en bas dans les deux sens pour atteindre le bout de mes doigts. Une petite amélioration, tous les jours, mais pas comme d'habitude. Je doutais que mes processus habituels ne fonctionnent plus…

Il fallait que ça s'améliore, car je devais monter dans mon mât pour changer les « barres de flèche », mais le problème me gênait vraiment trop. Alors, comme d'habitude, au bout d'une semaine, j'ai dû analyser et suspecter une autre source de malaise…

Pas assez d'exercice peut-être ?

Peut-être une carence minérale importante ?

Et un questionnement sur tout ce que j'avais fait les jours avant ma douleur à l'épaule.

D'ACCORD ! Alors, il a fallu chercher plus loin…

Vivre sur un bateau n'est pas comme à la maison, le balancement nutritif laisse souvent à désirer. Dans le sud, on boit, on mange des huîtres et autres petits poissons en conserve avec des crackers, et autres plats rapides, et cela assez souvent.

D'ACCORD ! Ce n'est pas si mal, mais 6 mois sur le même régime pourraient entraîner un manque de certains minéraux nécessaires au bon fonctionnement de tous les mécanismes de notre corps. Habituellement, je surveille bien mes suppléments, mais je vieillis et nous ne digérons pas de la même manière que les jeunes.

Souvent, ce que nous mangeons passe directement dans les intestins sans au préalable en extraire les minéraux. Surtout s'ils ne sont pas mélangés avec d'autres minéraux, vitamines, enzymes et aliments compatibles avec les quantités nécessaires à l'absorption et à la digestion.

Ce qui a mis le doigt sur le hic, c'est qu'une autre affection à la jambe gauche était apparue auparavant, mais après un bon massage et une bonne circulation d'énergie, la légère gêne s'est évaporée, mais est quand même revenu le lendemain, mais légèrement…

D'ACCORD ! Là, je n'allais pas commencer à douter de mes techniques pratiquées toute ma vie… J'ai aussi une bonne intuition ; je sentais que le problème ne pouvait pas être résolu avec la seule circulation d'énergie et que je devais y remédier, avant qu'il ne s'aggrave et ne se propage ailleurs…

Je me souvenais d'avoir lu sur une étude médicale évaluée cliniquement, sur le besoin de magnésium pour de multiples fonctions de notre corps. Je faisais déjà des recherches sur ce sujet.

L'organisme, s'il manque de magnésium, pourrait se nourrir, pour son besoin vital, de la réserve osseuse, où se trouve l'essentiel du magnésium pour garder nos os en bonne santé. Et aussi, si besoin, de ronger les nerfs et les muscles pour son besoin vital, donc de magnésium.

C'est grave, c'est ça ou mourir !

Alors, dans ce cas, le cerveau intervient sans nous consulter, pour notre survie, et il prend son besoin en magnésium là où il se trouve, dans nos os, les muscles et divers tissus mous de notre corps…

Certains diront : « mon test sanguin mentionne que mon niveau de magnésium est normal, alors ? »

Répondez par vous-même.

Pour votre survie, votre corps se nourrit du magnésium dans vos os et alors, votre niveau sera normal jusqu'à craquer vos os.

C'est ça! Ou toutes les maladies suivront et ensuite la mort!

Mon diagnostic a été concluant et après seulement une semaine j'ai pu monter dans mon mât et changer de barre de flèche. Mon truc pour demander à mon cerveau de faire circuler plus d'énergie n'aurait jamais complètement fonctionné, car mon corps manquait d'un minéral essentiel et vital pour son bon fonctionnement général, il faut y voir, surtout en vieillissant…

Suite à mes recherches, en consultant différentes sources, voici un extrait dont beaucoup pourraient bénéficier, avant de se faire opérer des genoux ou d'autres parties du corps endolories…

Bien que cet ajout (magnésium) à ma banque de connaissances ait été extraordinaire, il y a une autre recherche très importante que j'ai faite il y a quelques années, qui a également amélioré ma perception de la façon de maintenir une bonne santé en général.

Selon une étude de l'institut de santé américain, il y aurait 75 % d'Américains vivant dans un état de déshydratation chronique et pareil au Canada. J'ai mentionné cette recherche dans un de mes livres sur les bienfaits du cannabis médical. Cherchez sur Internet, les gros titres sont :

Version française et version anglaise, Recettes de cannabis et (2 en 1) Guide du connaisseur.

DÉSHYDRATATION

J'attache tellement d'importance aux effets néfastes que peuvent provoquer la déshydratation et une carence en magnésium, que je dédie ce livre à ces deux ingrédients vitaux, l'eau et le magnésium. J'ai toujours fait attention à ma santé et que ces deux carences vitales me sont arrivées, à moi-même, WOW !

Cependant, si je n'avais pas été en bonne santé générale, quelqu'un d'autre que moi serait décédé ou aurait eu de graves effets néfastes.

Tout l'argent de la terre ne servirait à rien, si nous n'avons pas l'apport nécessaire à la survie, du magnésium et de l'eau…

Environ 70 % du corps est constitué d'eau.

Ainsi, pour un poids d'environ 70 kilogrammes (155 livres), le corps humain dispose d'environ 45 litres d'eau. Près de 70 %, de l'eau est contenue dans les cellules, 20 % dans l'espace entourant les cellules et environ 8 % dans la circulation sanguine. L'eau est essentielle au maintien d'un corps sain, et la déshydratation peut même entraîner la mort.

Les réserves d'eau de l'organisme sont bien équilibrées lorsque la quantité d'eau ingérée correspond à la quantité excrétée par la transpiration et l'urine. Si vous êtes en bonne santé et ne transpirez pas excessivement, vous devez boire au moins 2 à 3 litres de liquides par jour (environ 8 verres d'eau), pour maintenir un équilibre appréciable et protéger votre organisme contre certaines complications encombrantes.

C'est lorsque l'approvisionnement en eau du corps est insuffisant que la déshydratation peut survenir.

Normalement, il est possible de boire suffisamment d'eau pour compenser une journée de manque d'eau ; cependant, si une personne vomit, souffre d'une diarrhée sévère, d'une fièvre persistante ou d'une trop grande exposition à une chaleur excessive, le corps peut être submergé.

Dans des conditions normales, le corps peut s'adapter à un changement dans l'apport en eau, si le cerveau et les reins fonctionnent correctement, mais c'est plus difficile chez les personnes âgées et les enfants.

Les personnes âgées sont moins susceptibles d'avoir soif, elles peuvent donc ne pas reconnaître leur déshydratation et donc ne pas boire suffisamment de liquides.

Lorsque l'approvisionnement en eau du corps descend en dessous d'un certain seuil, des chocs peuvent survenir, lorsque le volume sanguin diminue rapidement et peut même entraîner la mort.

Symptômes et complications

Habituellement, les symptômes de déshydratation légère à modérer sont une soif, des étourdissements, une bouche sèche, une diminution de la transpiration et de la production d'urine et de l'élasticité de la peau.

Puisque l'eau dans la circulation sanguine est très importante, l'eau dans les cellules et les tissus environnants commencera à compenser en entrant dans la circulation sanguine.

Mais, si la déshydratation s'aggrave, les cellules commenceront à se ratatiner et à mal fonctionner, et les tissus du corps commenceront à se dessécher. Étant donné que les cellules du cerveau sont très sensibles à la déshydratation, une personne peut ressentir une indisposition, des moments de confusion et même tomber dans un coma sévère.

Lorsque la circulation sanguine est réduite et que la pression artérielle commence à baisser, la déshydratation provoque des étourdissements et une sensation de perte de conscience imminente.

Si la déshydratation s'aggrave encore, la pression artérielle peut chuter à un seuil dangereusement bas, entraînant des chocs et de graves dommages à plusieurs organes internes, tels que le cerveau, les reins et le foie.

Les symptômes peuvent également être présents sous forme de diarrhée persistante et de vomissements, ou de perte de liquides dans l'urine ou la sueur. Lors d'une déshydratation intense, la peau devient pâle, froide et moite au toucher, des battements cardiaques faibles et rapides, une respiration profonde et rapide et une hypotension dangereuse peuvent survenir.

Certaines personnes peuvent également être anxieuses et agitées, et se plaindre de la soif. Des taches peuvent même apparaître sur la peau des genoux et des coudes ; et l'urine sera d'une couleur très ambrée ou jaune foncé.

Prévention et Hydratation

Boire beaucoup de liquide et prendre un peu de sel supplémentaire pendant ou après l'exercice ou pendant la maladie sera également efficace, surtout pour un gars comme moi qui a banni le sel et le sucre de sa vie depuis si longtemps.

Pour prévenir la déshydratation, buvez suffisamment d'eau ou de substituts liquides lorsque les conditions sont précaires à la déshydratation, en particulier par temps humide, chaud ou froid, en haute altitude, physique et. Efforts vigoureux.

Et pas moins : il est très important de ne pas ingérer de boissons alcoolisées, ni de caféine, qui accélèrent la déshydratation en augmentant le stress vésical qui provoque un débit urinaire supplémentaire.

Après l'explication ci-haut, à propos de l'eau nécessaire dans le sang, vous devez vous imaginer les dommages que peut faire l'alcool mélangé avec votre sang, circulant dans votre cœur et partout dans votre corps...

Il est recommandé de consommer 2 à 3 litres de liquides par jour (environ 8 verres).

Si la déshydratation s'aggrave et que la pression artérielle chute dangereusement entraînant des chocs ou pires, il s'agit alors d'une urgence nécessitant des soins médicaux sérieux et immédiats.

SYMPTÔMES DE CARENCE EN MAGNÉSIUM

Je peux me compter chanceux (même si je ne crois pas au hasard) que ces deux anomalies ne me soient pas arrivées en même temps…

Le magnésium est utilisé dans plus de 300 fonctions biochimiques et est impliqué dans le fonctionnement des nerfs et des muscles, la production d'énergie, la fréquence cardiaque, la pression artérielle et la régulation du sucre, et soutient particulièrement le système immunitaire.

Le corps moyen contient environ 25 grammes de magnésium dont environ 50 % se trouvent dans les os, et le reste se trouve dans le sérum sanguin et les tissus mous.

Un manque de magnésium et plusieurs organes de votre corps deviendront en très mauvais état !

Nous avons besoin d'un apport quotidien d'environ 380 mg pour les 55 ans ou plus. Une dose inférieure à 0,75 mg par jour peut perturber les fonctions vitales, car ce minéral est nécessaire en raison de son implication dans de nombreuses fonctions corporelles, telles que les symptômes suivants :

Fatigue chronique

La fatigue est l'un des symptômes les plus courants d'un manque de magnésium, et la production d'énergie et le fonctionnement des muscles et des nerfs sont également affectés. Des niveaux réduits de magnésium peuvent indiquer que les muscles ne fonctionnent pas à leur niveau normal, car le magnésium est essentiel pour une utilisation correcte du potassium dans les muscles.

Crampes musculaires

Une carence en magnésium peut entraîner des convulsions, provoquant des crampes musculaires, car l'équilibre ionique est nécessaire au bon fonctionnement des muscles et des nerfs.

Le magnésium maintient et joue un rôle important dans la fonction musculaire, et une carence en magnésium peut affecter l'influx nerveux vers et depuis les muscles. Il peut également affecter le fonctionnement des fibres musculaires.

La nausée

La nausée est un symptôme précoce d'une carence en magnésium et peut apparaître seule ou s'accompagner de vomissements. Les nausées peuvent devenir graves si elles se reproduisent souvent et peuvent également interférer avec vos activités normales et vous pourriez vous sentir constamment malade.

Asthme sévère

De faibles niveaux de magnésium peuvent entraîner des complications pulmonaires et une constriction des muscles des voies respiratoires. Cela peut interférer avec l'élasticité des voies respiratoires et empêcher un flux d'air régulier.

Les inhalateurs contenant du sulfate de magnésium sont parfois utilisés pour soulager les crises d'asthme sévères en relaxant les voies respiratoires.

Une étude a montré qu'il existe un lien entre la carence en magnésium et l'asthme, supposant que la muqueuse des voies respiratoires a des muscles qui se contractent et se dilatent alternativement lors de la respiration.

Engourdissement

L'engourdissement se produit lorsque les impulsions électriques, passant par les nerfs, n'atteignent pas leur destination. Ensuite, le signal projeté ne livre pas, ou ne produit pas, la réaction attendue. Ce qui entraîne un dysfonctionnement nerveux, provoquant un engourdissement ou une sensation physique, qui ressemble à de nombreuses petites piqûres d'épingle dans le visage, les mains ou les pieds.

Les troubles mentaux

Il est possible que les troubles mentaux survenant sans cause connue soient le résultat de faibles niveaux de magnésium, tel que l'apathie et le délire peuvent être des symptômes. Une carence en magnésium peut même conduire à la dépression, à l'anxiété et au coma et peut interférer avec le bon fonctionnement du système nerveux, y compris des parties du cerveau.

Le magnésium est impliqué dans les fonctions nerveuses et il peut entraîner un dysfonctionnement mental et provoquer d'autres symptômes inconnus.

Espérons que manger plus d'aliments riches en magnésium ou prendre des suppléments de magnésium pourrait aider à récupérer.

Rythme cardiaque irrégulier

Le cœur est constitué de tissu musculaire dont le bon fonctionnement nécessite des niveaux appropriés de magnésium et de potassium. Un rythme cardiaque irrégulier, ou une dysrythmie est un symptôme assez grave de faibles niveaux de magnésium, qui entraînent également de faibles niveaux de potassium. Mais, sans traitement, cela peut entraîner une insuffisance cardiaque ou un accident vasculaire cérébral.

L'arythmie cardiaque peut apparaître comme un battement cardiaque manqué ou des palpitations cardiaques, des douleurs thoraciques, des étourdissements et des évanouissements.

Hypertension artérielle

Équilibrer le potassium et le sodium est essentiel pour maintenir une tension artérielle saine. Si les niveaux de potassium chutent, en raison de faibles niveaux de magnésium, l'augmentation des niveaux de sodium entraînera une augmentation de la pression artérielle. Une carence peut entraîner de faibles niveaux de potassium, car le magnésium est impliqué dans la régulation du potassium dans l'organisme.

Des études chez l'animal ont montré que de faibles niveaux de magnésium peuvent entraîner une augmentation de la pression artérielle, tandis qu'une hypertension artérielle chronique peut entraîner un risque accru de maladie cardiaque et d'accident vasculaire cérébral.

Ostéoporose

L'ostéoporose est une maladie qui entraîne un risque accru de fractures osseuses, tandis que la vieillesse et les carences en vitamines D et K contribuent également à la faiblesse osseuse.

Une carence en magnésium entraîne également une baisse du taux de calcium dans le sang. Et parce que le calcium est le principal élément constitutif des os, des niveaux réduits de calcium entraîneront une faiblesse des os et l'ostéoporose.

LES ALIMENTS RICHES EN MAGNÉSIUM ET LEURS BIENFAITS

Le magnésium est utilisé dans notre corps, par chaque cellule, pour son bon fonctionnement et est impliqué dans des centaines de réactions chimiques. Les Nord-Américains ne consomment que 50 % de l'apport quotidien recommandé en magnésium. Environ les trois quarts de la population nord-américaine ont une alimentation pauvre en magnésium. Un apport normal en magnésium se situerait entre 300 mg et 350 mg par jour. La majorité des femmes nord-américaines ne prennent que 170 mg à 220 mg tandis que les hommes prennent entre 220 mg et 265 mg.

Mais personne ne devrait dépasser plus de 350 mg par jour pour les adultes, car plus de magnésium ne peut pas être toléré par notre corps, y compris l'apport dans notre alimentation.

Logiquement, il est important de savoir quoi manger afin de réintégrer un maximum de magnésium dans notre alimentation et en vieillissant, puisque la digestion se fait moins bien, de prendre des suppléments.

ALIMENTS RICHES EN MAGNÉSIUM

Graines de sésame et bienfaits pour la santé

Les graines de sésame sont l'un des aliments les plus riches en magnésium sur le choix ci-dessous. Une cuillère à soupe contient 33 mg ou 9 % de la valeur quotidienne, 100 grammes équivalents à 351 mg de magnésium.

Des études ont démontré une diminution significative de la pression artérielle chez les personnes hypertendues et normalisent aussi uniformément les niveaux de pression artérielle. L'huile de sésame est évaluée comme un antihypertensif.

Noix de cajou, si non allergique aux noix

Les ajouter à votre alimentation vous apportera du calcium, du cuivre, du magnésium, du fer, du phosphore, du potassium et du sélénium. Les noix de cajou sont une excellente source de magnésium, 100 grammes en contiennent 290 mg.

Le cuivre contribue à la production de mélanine, de pigments cutanés et capillaires, ainsi qu'à la formation de collagène, qui soutient l'élasticité de la peau et est considéré contre le vieillissement.

L'un des avantages des noix de cajou est l'amélioration de la santé des os, mais le calcium, le magnésium et le potassium protègent ensemble contre la déminéralisation osseuse. Mais selon certaines recherches, lorsque des carences en magnésium surviennent, le calcium doit être pris avec modération.

Bette à carde

Les niveaux élevés de magnésium dans la bette à carde contribuent à la santé musculaire en réduisant les crampes et la douleur. Le magnésium est impliqué dans le mouvement musculaire permettant la contraction générale et la relaxation des muscles. Le cœur est le muscle le plus important du corps et en utilisant du magnésium, notre corps est capable de maintenir un rythme cardiaque régulier à tout moment.

Le magnésium contenu dans la bette à carde aide à maintenir un cœur en bonne santé. Le magnésium agit avec d'autres minéraux pour aider à la formation de globules rouges, aux gestes nerveux, à la santé musculaire et au contrôle de la pression artérielle. 100 grammes de bette à carde, un précieux légume à feuilles, apportent 80 mg de magnésium.

Graine de citrouille

Avec 262 mg de magnésium dans 100 grammes, les graines de citrouille sont l'une des meilleures sources naturelles de magnésium et un énorme avantage nutritionnel pour la santé. Les graines de citrouille contiennent du zinc, des oméga 3, du tryptophane et du cuivre.

Le zinc soutient la santé de la prostate, la croissance cellulaire, l'immunité, l'humeur et la résistance à l'insuline, et aide à réguler le sommeil latéralement grâce au tryptophane (un acide aminé).

Le tryptophane, un acide aminé, convertit la sérotonine en mélatonine, une hormone du sommeil qui aide à un sommeil réparateur. De plus, le magnésium contenu dans les graines de citrouille est une excellente collation pour vous aider à vous détendre avant de vous coucher et aide à garder vos cellules en activité pour la nuit.

Épinard

Les épinards sont un aliment vert feuillu rempli de magnésium, contenant 80 mg pour 100 grammes. De plus, ils sont une excellente source de vitamines A et C. La vitamine C est connue pour aider à la production de collagène et rajeunir la santé et l'apparence de la peau, tandis que la vitamine A doit être fournie par la prise de nourriture. Le collagène est nécessaire pour que chaque cellule de la peau se forme et fonctionne correctement.

La vitamine C contenue dans les épinards aide à combattre les dommages cutanés causés par le soleil et la pollution, aide également à réduire les rides et à améliorer l'ensemble de la texture de la peau.

Mais un faible apport en vitamine C peut entraîner des accentuer les rides, le vieillissement de la peau et d'autres effets cutanés désagréables.

Pois d'angole et santé cardiaque

100 grammes de pois cajan contiennent 182 mg de magnésium. Il soutient la stimulation de la croissance, la réduction de l'inflammation, le renforcement du système immunitaire, l'amélioration de la santé cardiaque et l'abaissement de la pression artérielle. Les aliments riches en magnésium sont anti-inflammatoires.

Un faible apport en magnésium est souvent lié à une inflammation chronique, aux effets du vieillissement, à l'obésité et à de nombreuses maladies chroniques.

Dans les anciennes traditions, les onguents de pois cajan étaient appliqués pour réduire rapidement l'enflure et l'inflammation. Les pois sont également riches en fibres, protéines et autres nutriments.

Les amandes, un super aliment, sinon allergique aux noix

En plus du magnésium, les amandes sont riches en vitamine E, en calcium, en riboflavine, en niacine, en potassium, ainsi qu'en fibres et protéines. Environ 100 grammes équivalent à 270 mg de magnésium. Seulement 22 amandes (une once) suffiraient à fournir ce dont vous avez besoin avec le plein d'énergie, en raison de la biodisponibilité qui est : (vitesse corporelle d'assimilation des nutriments contenus dans les amandes).

Le Soja

Le soja est l'une des meilleures sources de protéines végétales disponibles, comme le lait, le bœuf et les protéines d'œuf en termes de qualité, et environ 100 grammes de soja peuvent contenir entre 60 mg et 260 mg de magnésium, selon la façon dont vous le cuisinez.

D'autres nutriments intéressants dans le soja sont le folate, le potassium, les oméga 3 et certaines fibres.

Le folate améliore la circulation sanguine et s'associe au potassium pour réduire le risque de problèmes cardiaques, et il est si important pour détendre les vaisseaux sanguins.

Chocolat noir.

Le chocolat doit être noir, mais il doit être consommé raisonnablement en quantité. Il est préférable de mélanger la poudre de cacao, qui contient beaucoup moins de sucre, avec la nourriture. Une cuillère à soupe de poudre contient 40 mg de magnésium.

LE MAGNÉSIUM, EN VOICI PLUS

Le magnésium se trouve également dans les plantes alimentaires comme les légumineuses, les légumes à feuilles vert foncé, les noix, les graines, les grains entiers et les céréales enrichies. Il est également présent dans le poisson, la volaille et le bœuf :

Amandes, cacahuètes, noix de cajou

Graines de citrouille

Beurre d'arachide

Haricots

Soja, lait de soja

Épinards cuits, blets

Pomme de terre blanche avec peau

Riz brun

Gruau (avoine instantanée, entière)

Saumon

Du bœuf

La volaille

Banane

Raisins

Lait, yaourt

L'avocat est aussi un fruit savoureux, nutritif et une source de magnésium importante…

LE MAGNÉSIUM DE CHOIX

Le citrate de magnésium

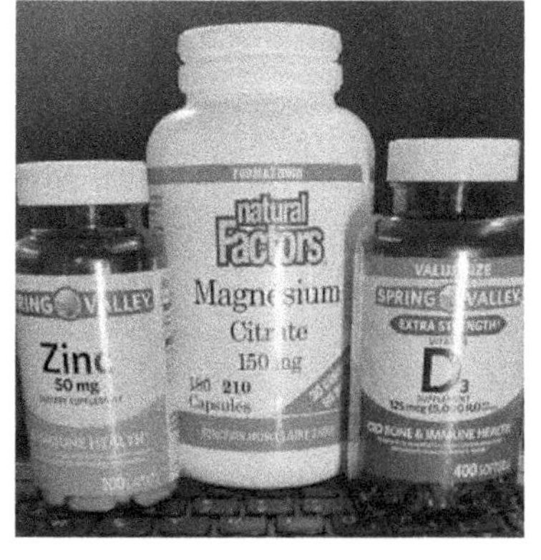

Le citrate de magnésium est l'une des formulations les plus courantes de magnésium et peut être facilement acheté en ligne ou dans les magasins du monde entier. Certaines recherches suggèrent que ce type fait partie des formes de magnésium les plus (biodisponibles), ce qui signifie qu'il est plus facilement absorbé dans votre tube digestif que d'autres formes. Cet avantage est surtout important pour les personnes âgées et ceux à la digestion lente.

Attention !

Ne consommez pas trop de magnésium, car vous ressentirez les effets inverses ; le corps ne supporte pas un excès de magnésium. Et attention aux noix si vous êtes allergique… Et, si vous prenez des suppléments de magnésium, il est recommandé, si vous avez une maladie, de ne pas prendre de suppléments de calcium en même temps… Mais prendre des suppléments de zinc et de vitamine de D 3, aides à l'assimilation du magnésium dans le processus magnésium-potassium.

Suggestion d'un ensemble qui fonctionne bien pour mon système.

Ne choisissez pas les marques identifiées sur la photo, faites vos recherches vous-même et essayez, au fil du temps, qu'elles marquent votre corps captera le mieux. Au lieu d'opter pour les marques qui prétendent être n° 1, j'ai préféré les mixer moi-même…

Et n'oubliez pas de prendre vos minéraux et vitamines avec les repas. Mieux vaut trois petites doses. Au début, je ne le savais pas et les résultats n'étaient pas fameux, mon estomac et mon système digestif s'en débarrassaient directement vers les intestins…

Effets secondaires et contre-indications

Son effet laxatif est la principale gêne causée par le magnésium, selon le type de magnésium que vous utilisez ; il est préférable d'utiliser du citrate de magnésium, du gluconate ou du chlorure de magnésium, ils sont moins sujets à la diarrhée que le carbonate de magnésium ou le magnésium marin.

Attention, les phytates, présents dans l'enveloppe des céréales (blé, et grains entiers) et les oxalates présents dans certains fruits et légumes comme l'oseille ou les épinards, peuvent empêcher une bonne absorption du magnésium. Il est donc préférable de ne pas les consommer ensemble ou avec vos suppléments de magnésium.

Une forte consommation d'alcool peut provoquer une fuite de magnésium dans l'urine.

D'après ce qui a été dit, les phytates ont plus d'avantages que d'inconvénients. Au lieu de les éliminer, il est probablement plus sage de les consommer avec modération.

Recherchez sur Internet les meilleurs suppléments de magnésium. Ils doivent contenir des suppléments de zinc et de vitamine D3 pour être mieux absorbés, ou faire le mélange par vous-même comme je le fais…

Heureusement, la prise d'un supplément de magnésium peut aider à remplir les niveaux de magnésium de votre corps et à les empêcher de chuter à des niveaux dangereux.

Avantages de la prise de magnésium :

Des os sains

Soutien cardiaque

Santé immunitaire améliorée

Stress, sommeil et humeur

Gardez à l'esprit que tous les suppléments de magnésium ne sont pas créés égaux. Différentes marques utilisent différents composants, et certaines formules seront tout simplement plus efficaces que d'autres.

VIVRE en MILLIONNAIRE de l'UNIVERS

La tranquillité d'esprit ne s'achète pas, mais lorsqu'elle est acquise, elle se lit sur votre visage et elle peut devenir contagieuse !

Vivre une vie de MILLIONNAIRE DE L'UNIVERS sera probablement le prochain titre de mon prochain livre, mais dans celui-ci nous avons encore du travail à faire.

Je rencontre beaucoup de gens de différentes cultures et le problème majeur qu'il m'a été donné fût de constater, en gardant le silence, que chacun tente de prouver qu'il a dans sa tête toutes les connaissances du monde entier; au-dessus de tous les autres. Il y a des milliards de personnes sur Terre et chacune d'entre elles a sa propre vérité et ses propres connaissances. Et une seule personne ne pourra jamais avoir assez de connaissance pour se permettre la bassesse de ne pas respecter les autres et leurs façons de penser...

Proverbe : « l'ignorant se moque de ce qu'il ne connaît pas… » J'ai lu ça aussi quelque part.

CONCLUSION ET EXERCICES

Quel que soit l'exercice que vous faites, soyez inventif, changez de position pour forcer votre cerveau à se connecter avec votre esprit.

Si vous êtes perdu dans les habitudes depuis cinquante ans et que le résultat est la maladie, et même si vous êtes alité, alors mettez une jambe sur un côté du lit et faites semblant de tomber. Votre cerveau fera tout pour ne pas vous décevoir. N'ayez pas peur, ils vous soulèveront jusqu'au lit si vous tombez ; mais vous reprendrez contact avec votre ami, celui que vous avez laissé derrière vous, peut-être pour la bonne cause : gagner votre vie…

La conclusion est que ce que vous ne saviez pas était là pour vous et la faute est : NOUS NE LE SAVIONS PAS !!!

Inventez et imaginez l'impossible, et votre cerveau y travaillera ! C'est pour cela que nous avons un cerveau.

MAINTENANT QUE NOUS LE SAVONS,

Allons de l'avant pour les succès.

Sujets disparates, non, mais récapitulons

Vous devez penser que ce livre contient beaucoup de sujets disparates, mais en réalité tout revient au même.

On est esclave de nos habitudes.

Nous sommes primairement contrôlés par l'appétit.

L'appétit incontrôlé nous rend insatisfaits.

Nos rêves sont aussi issus de notre appétit et de nos habitudes.

Donc, il en résulte que notre liberté n'existe pas, car nous sommes plus ou moins esclaves de nos habitudes causées par notre appétit primaire, dont l'effet est l'insatisfaction qui nous rend esclaves de nos habitudes.

Pour spécifier davantage, le fouette du passé est remplacé par les cartes de crédit, notre patron (boss) inconditionnel, qui nous envoi travailler pour payer nos dettes, sinon on perd tout.

L'esclavage à nos habitudes à interchangé le fouette insupportable pour de l'autoflagellation volontaire, dont le nouveau nom est nos BOSS.

Donc au lieu de se flageller ce qui représente le travail forcé, nous choisissons nos BOSS : la grosse maison, le gros VUS, le gros bateau, le gros diamant, les grosses vacances ; plus c'est gros plus la flagellation sera amplifiée dans le temps... Il faudra travailler tellement d'heures pour payer tout ça... OU TOUT PERDRE !

OK ! C'est notre système, mais il ne faut rien changer, car le but de ce livre n'est pas de changer vos croyances ; le but de ce livre n'est pas de dénigrer nos habitudes, mais de comprendre d'où nous venons, et d'améliorer notre façon individuelle de vivre.

Des BOSS, il y en aura toujours, mais nous pouvons du moins les choisir, avant de tuer ensemble notre planète.

Le plus gros BOSS du temps est la COVID 19, il rend malade et tue les riches comme les pauvres, mais il y a quand même des incrédules qui s'opposent aux mesures sanitaires, et mettent en danger leurs amis et le monde entier. Ils sont parmi les gens qui n'ont pas la faculté de comprendre ; ils ne comprennent même pas qu'ils ne comprennent pas, donc enlevons-leur la manette des mains !

Alors, pour le bien du monde en général, il faut les sanctionner. Ils sont eux-mêmes une auto conspiration par la non-compréhension. Ils sont comme des enfants, il faut leur donner des jouets pour les amuser, mais surtout, il faut les empêcher de mettre le monde en danger de mort. Ces irresponsables ont perdu l'ouïe et la vue ; 181 millions de cas Covid 19 et 4 millions de morts, dans le monde entier, ne leur ouvrent même pas les yeux ni ne débouchent leurs oreilles. C'est normal pour eux-mêmes, car toute leur attention est tournée vers la contemplation de leur nombril primal...

Merci de me laisser vous aider

Merci de m'avoir laissé vous aider et si vous avez eu un bon résultat, passez le livre à d'autres, ne vous inquiétez pas, passez-le gratuitement. Je n'écris pas pour l'argent, mais pour le plaisir d'aider. Certaines personnes qui sont adeptes de la flatterie trouvent que je suis trop insolent dans mon écriture. D'ACCORD ! Je déteste l'hypocrisie, il faut dire les choses franchement et crûment quand il le faut et je n'aime pas être au service de ceux qui ont l'habitude d'être flattés…

La flatterie aveugle l'esclave de la flatterie...

Si vous êtes intéressé par l'expérience d'être indépendant de tout système et de bonnes recettes d'un homme en bonne santé de 79 ans, alors lisez mes autres livres, dont la majorité concerne le développement de l'esprit ou de l'être-en-soi. Cependant, l'un d'eux concerne mon expérience en entreprise : « Quand Justice est la Mort » en version française. La version anglaise a 150 pages de plus, car je l'ai réécrite avec plus de détails, et a été complétée 2 ans plus tard…

LA JEUNESSE N'A PAS D'ÂGE

La présente vous autorise à diffuser gratuitement cette pensée profonde, écrite il y a plus de trente ans : la jeunesse n'a pas d'âge, oui, mais, toujours, avec le nom de l'auteur.

Cette réflexion, qui s'adresse notamment aux personnes âgées, a déjà été affichée (en français) dans plusieurs établissements de santé et de retraité.

LA JEUNESSE N'A PAS D'ÂGE

La jeunesse, effet de l'imagination
Exprimant la volonté de l'esprit
La création émotive de l'intention
Le courage du subit de dire non
La jeunesse semblable au soleil levant
Puisant son énergie au gré du vent
Imitant les fleurs, en ce beau printemps
Signalant l'espoir d'un recommencement
Vieillesse, synonyme d'abandon
D'un rêveur renonçant à son idéal
D'un cœur qui ne sait plus s'aimer
D'une farce qui ne se voit plus sourire
Vieillir c'est regarder par terre,
De crainte de marcher sur ses préoccupations
Vieillir c'est devancer la peur,
De se barrer les pieds sur ses courbatures
Être jeune c'est rire de voir le temps flétrir
Une peau qui se laisse caresser du jeu de la vie
Être vieux c'est refuser de regarder l'idéal,
C'est décevoir l'esprit de ne plus être enfant ébloui
La jeunesse est sans âge devant l'émerveillement
Sans peine devant la joie du jeu de la vie
Sans déception quand on se contente du plaisir d'une nuit
ET sans attente quand on poursuit l'idéal de sa vie
Tant que la nature nous trouve beaux, bons et grands
C'est que nous écoutons ses messages et non les bruits
ET si les vents transportent une jeunesse en santé
Ils ne feront que poussière d'une vieillesse découragée
Soyons jeunes, jusqu'au dernier moment de jeu de la vie
Et que mon imagination me fasse CALCULER comme ceci :
Que ma foi de rester jeune me soit MULTIPLIÉE
Que mon doute de vieillir me soit SOUSTRAIT
Que ma confiance en moi-même me soit ADDITIONNÉE
Et que le TOTAL de mes espérances soit : un cœur jeune.
Auteur : Joseph G. Asselin © 1989
Floride 1989, annexée à Terre des Femmes (1992-1995) en 2010-2013. Et reporté dans (2017) RÉINVENTONS NOTRE VIE.

À PROPOS DE L'AUTEUR

L'auteur est un ancien éditeur d'hebdomadaires et de divers magazines et livres, à la retraite, mais toujours en activité, pour le plaisir d'écrire, espérant aider le plus grand nombre. C'est pourquoi ses livres sont presque toujours gratuits ou à petit prix pour ne pas s'appauvrir en donnant sa chemise...

D'ACCORD ! On dit qu'il est parfois sec et qu'il ne ménage pas ses mots, mais c'est lui-même, il ne cherche pas à flatter pour plaire, mais plutôt à aider sans demander.

Moi, l'auteur. J'ai toujours été du genre indomptable, mais j'aime aider sans rien en retour, et tout m'est donné à volonté, par la vie elle-même.

Pour vous donner une petite idée de mon caractère indiscipliné ; j'étais en cinquième année depuis trois mois et j'ai été rétrogradé en quatrième année pour me punir. Ils m'ont remis le dernier banc, face aux fenêtres, en disant : « Tu en as fait ton cinquième, donc tu peux regarder dehors et ne rien faire d'autre si tu veux ! Je savais que c'était censé être temporaire, pour m'apprivoiser, mais comme je continuais à faire rire les autres, la punition est devenue permanente. C'était la même chose dans l'armée, je ne fais rien de mal, j'aime faire rire les gens et j'aime aider mes amis à éviter les ennuis…

Cependant, j'ai été en affaires toute ma vie, et j'ai réussi dans des domaines très difficiles dans lesquels j'ai acquis beaucoup de connaissances…

Mon site jasselin.com et Amazon proposent mes livres et certains sont également en vente chez différents fournisseurs. Tapez amazon.ca puis jasselin.com.

Ma vie a été consacrée aux affaires, non pas à gagner de l'argent, mais dans le but précis de vivre indépendamment du système et à mon rythme de vie…

On a tout un défaut dominant, dont le mien, je passe mon temps à composer des chansons, de la musique et des paroles et à improviser des mélodies sur mon clavier Keytar Alexis Vortex Wireless 2 et à composer sur ma flûte de pan et quand j'en ai envie, alors, j'écris des livres, mais je suis fainéant. C'est pourquoi désormais, j'écrirai des petits livres de 75 à 100 pages au lieu de 350, ainsi je ne mettrai pas 2 à 3 ans pour écrire un livre. J'en ai 3 commencés, et j'attends, mais le temps presse, car je suis aussi très occupé à me détendre sur mon voilier et à discuter avec des amis. Je pense que je suis bizarre, mais je parle et plaisante avec tout le monde, donc je ne suis peut-être pas si bizarre.

J'ai toujours fait des compositions musicales, mais je n'ai pas encore eu le temps de les publier ou de les mettre à disposition des interprètes. Le hic, c'est que je n'ai rien à faire, car je ne dois rien à personne (au sens figuré). À bientôt sur mon site encore en construction : http.song2buy.com.

Et https.jasselin.com

Ne manquez pas mes autres livres : https.jasselin.com ou tapez jasselin.com sur Amazon… bonne lecture !

MESSAGE DE FIN

Un message pour ceux qui aiment commencer un livre par la fin !

Je vous entends, oui vous avez déjà lu des choses similaires dans d'autres écrits. C'est normal, car nous écrivons tous parce que nous pensons tous, mais, différemment et souvent avec des couleurs plus que magiques…

Mais, vous ne vous êtes probablement jamais, si oui, pas souvent, demandé : vous souvenez-vous des talents extraordinaires que vous aviez à votre naissance, dont le plus important était l'innocence ? NON…

Donc, ce livre est spécifiquement écrit pour essayer d'éveiller les talents, dont vous ne vous souvenez peut-être même pas, que vous aviez. Reconnectez-vous donc avec la pureté de l'esprit qui redonne du pouvoir à votre cerveau, pour votre bien-être, car si vous n'êtes pas en santé, votre esprit ne vous sert à rien... Ou, il serait avantageux de faire appel au cerveau de quelqu'un d'autre pour retrouver la santé ou le succès...

Ne pas oublier, surtout !

Nous apprenons tous par nos erreurs, mais, si les autres en sont toujours responsables, alors vous n'avez rien appris du tout, si non que d'encore blâmer les autres...

www.ingramcontent.com/pod-product-compliance
Ingram Content Group UK Ltd.
Pitfield, Milton Keynes, MK11 3LW, UK
UKHW020134250726
13967UKWH00002B/653

9 781927 652268